불이 켜지기 전에

불이 켜지기 전에

김소미

영화가 끝나고 남겨진 마음들

마음산책

언젠가 옆자리에서 함께 영화를 본 모든 관객에게

일러두기

1. 영화 제목은 국내 개봉명을 따랐고, 미개봉작은 원제를 직역하거나 통용되는 제목을 썼다.
2. 외국 인명·지명·작품명은 외래어표기법을 따르되, 관용적인 표기와 동떨어진 경우 절충하여 실용적 표기를 따랐다.
3. 영화명·시리즈물명·프로그램명은 〈 〉로, 잡지명·매체명은 《 》로, 곡명·편명은 「 」로, 책 제목은 『 』로 묶었다.

서문

 인류는 어째서 불을 꺼놓고 영화를 보게 된 걸까. 영화가 상영 환경으로 어둠을 필요로 하는 매체라는 너무도 당연한 명제에 관해 그 문화적·기술적 출발점을 정확히 따져보려 한다. 19세기 후반, 원통형 기계인 키네토스코프를 통해 허리를 숙여 영화를 들여다보던 시절이 있었다. 빛 속에 선 채로 한 번에 한 사람씩. 그러다 뤼미에르형제에 의해 파리 카페 뒷방에 영사 시스템이 마련되면서 비로소 '영화를 보는 어두운 방들'이 생겼다. 카메라이자 영사기인 시네마토그래프(영화)의 출력이 약했기에 이미지를 선명하게 보여주기 위한 어둠이 요구됐다. 말하자면 영화는 태생적으로 외부의 일광 조건을 피해 동굴로 숨어든 매체다. 그리하여 박람회장과 공연장을 막론하고 방을 어둡게 해서 빛나는 스크린을 설치할 수 있는 곳이면 어디든 영화가 상영되었다. 나는 특히 1896년에 뤼미에르형제의 상영회에 참석했던 러시아 문호 막심 고리키가 지역 일간지에 영화를 "그림자의 왕국"이라 일컬었다는 이야기를 좋아한다. 이 글에서 영화 보기는 죽음의 신이 관장하는 지하 세계로 잠시 내려갔다 돌아오는 경험에 비유된다. 고리키가 흑백 무성영화를 죽음 이후의 영토처럼 받아들인 까닭은 물론 무언의 회색 세계가 발산하는 으스스한 아우라 덕분이었겠으나, 그가 암흑에 꼼짝없이 붙들린 상태였다는 점도 감흥과 무관하지 않을 것 같다. 아니, 결정적이다. 타고난 혁명가의 감식안은 영화의 마술이 빛만큼 그림자로부터 기인한다는 전복적 인식을 돕는다. 일찍이 극장 영화를 죽음에 비유한 이 일화를 통해 나는 영화관 문화가 지닌 급진성을 재인식한다. 여러 명의 낯선 이들과 팔꿈치를 스칠 만한 거리를 두고 앉아 완전한 암흑에 잠기는 일은 꽤나 무모하고 위협적이다.

영화를 보고, 쓰고, 말하는 일을 해오면서 개별 영화를 해석함에 있어 섬세해지고자 하는 욕구만큼 지속된 것이 어둠에 대한 매혹이었다. 불 꺼진 극장은 축축하고 불온한 운명에서 출발해 외톨이나 도피자들을 기어코 교육하는 장소로 품을 키워왔다. 어쩌면 나 역시 그 속에서 매번 다른 존재로 태어나고 싶었던 걸지도 모른다.

되면서 실감했다. 관객의 원형原型적 체험을 재구축한다는 일말의 사명감은 나라는 미약한 소재가 산문에 쓰일 때의 두려움까지 극적으로 덜어주었다.

신출내기의 명민함은 손아귀에서 흩어졌고 베테랑의 원숙함은 요원한 것 같다는 엄살에도 불구하고 그런 머뭇거림조차 관객과 직업인 사이의 이야기가 될 수 있겠다고 독려해준 출판사 마음산책과 이동근 편집자에게 빚을 졌다. 쓰고 싶은 말과 쓸 수 없는 말 사이의 장력에 짓눌려가는 필자를 기다려주고, 계절마다 사유할 책과 글의 조각을 부치면서 격려를 아끼지 않은 편집자님께 애틋하게 감사하다. 밝고 아름다우라는 이름 '소미昭美'의 한자어 의미가 흔한 여성성의 주문 같아 못마땅했던 내게 첫 만남에서 "아름다움을 비추어 소명하라는 의미 아닐까요?"라며 건넸던 정은숙 대표님의 찬연한 물음에 기대고 싶은 날들이었다. 아름답고 밝은 사람이 아니라 아름다움을 '밝히는' 사람이 새 뜻일 수 있겠다 생각하면 극장의 어둠은 더 깨끗이 깊어진다. 산문이 통과하는 십대와 삼십대까지의 시간 동안 동경의 대상에서 일터의 선배로, 어느 때는 막역한 출장의 동료로 모습을 바꿔가며 끝내 이 책에 추천사까지 더해준 김혜리 기자의 손길에도 오래 힘입었다. 극장과 책상으로 곧잘 증발 극장에 있는 동안만큼은 나를 비우고 타인을 연민하는 일에 가뿐한 부력이 주어졌고, 숏과 숏 사이의 압력으로 멀리 떠밀려가는 동안엔 종전까지 형체를 알아볼 수 없었던 인생의 시간이 고개를 내밀고 손짓하곤 했으므로. 극장의 어둠은 한 편의 영화가 수명을 다해 시야가 밝아지고 난 뒤에도 우리 안에 남아 같은 세상을 전보다 가만한 눈으로 바라보게 한다. 직업인이 된 이후로는 영화를 이해하는 시력이 곧 보는 이 자신의 향상과 무관하지 않으리란 생각이 나를 그나마 좀 더 나은 사람으로 만들었다.

영화관의 불이 켜지기 전에 누리게 되는 아름다움의 실체를 붙잡으려고 이 책의 산문들을 썼다. 보는 일에 사로잡힌 사람의 작은 역사를 쓰면서 자연히 직업 이야기를 여럿 포함하게 되었는데 그 가운데 가장 많이 쓰거나 지운 명칭은 기자, 평론가, 해설자 등이 아니라 관객이었다. 한때 나를 살린 극장의 어둠을 지금은 생계와 사회적 역할의 원천으로 삼게 된 행운에 대해서 어딘가 면구한 심정으로 써 내려가는 동안, 혼자서 누린 의미만으로 충분하다고 생각했던 경험들이 대개 공동의 체험임을 되새기게 됐다. 우리는 얼마나 자주 함께였던지. 글 쓰는 지면 밖에서 객석을 바라보고 말하는 입장이

특히 1896년에 뤼미에르형제의 상영회에 참석했던 러시아 문호 막심 고리키가 지역 일간지에 영화를 "그림자의 왕국"이라 일컬었다는 이야기를 좋아한다. 이 글에서 영화 보기는 죽음의 신이 관장하는 지하 세계로 잠시 내려갔다 돌아오는 경험에 비유된다. 고리키가 흑백 무성영화를 죽음 이후의 영토처럼 받아들인 까닭은 물론 무언의 회색 세계가 발산하는 으스스한 아우라 덕분이었겠으나, 그가 암흑에 꼼짝없이 붙들린 상태였다는 점도 감흥과 무관하지 않을 것 같다. 아니, 결정적이다. 타고난 혁명가의 감식안은 영화의 마술이 빛만큼 그림자로부터 기인한다는 전복적 인식을 돕는다. 일찍이 극장 영화를 죽음에 비유한 이 일화를 통해 나는 영화관 문화가 지닌 급진성을 재인식한다. 여러 명의 낯선 이들과 팔꿈치를 스칠 만한 거리를 두고 앉아 완전한 암흑에 잠기는 일은 꽤나 무모하고 위협적이다.

영화를 보고, 쓰고, 말하는 일을 해오면서 개별 영화를 해석함에 있어 섬세해지고자 하는 욕구만큼 지속된 것이 어둠에 대한 매혹이었다. 불 꺼진 극장은 축축하고 불온한 운명에서 출발해 외톨이나 도피자들을 기어코 교육하는 장소로 품을 키워왔다. 어쩌면 나 역시 그 속에서 매번 다른 존재로 태어나고 싶었던 걸지도 모른다.

서문

 인류는 어째서 불을 꺼놓고 영화를 보게 된 걸까. 영화가 상영 환경으로 어둠을 필요로 하는 매체라는 너무도 당연한 명제에 관해 그 문화적·기술적 출발점을 정확히 따져보려 한다. 19세기 후반, 원통형 기계인 키네토스코프를 통해 허리를 숙여 영화를 들여다보던 시절이 있었다. 빛 속에 선 채로 한 번에 한 사람씩. 그러다 뤼미에르형제에 의해 파리 카페 뒷방에 영사 시스템이 마련되면서 비로소 '영화를 보는 어두운 방들'이 생겼다. 카메라이자 영사기인 시네마토그래프(영화)의 출력이 약했기에 이미지를 선명하게 보여주기 위한 어둠이 요구됐다. 말하자면 영화는 태생적으로 외부의 일광 조건을 피해 동굴로 숨어든 매체다. 그리하여 박람회장과 공연장을 막론하고 방을 어둡게 해서 빛나는 스크린을 설치할 수 있는 곳이면 어디든 영화가 상영되었다. 나는 극장에 있는 동안만큼은 나를 비우고 타인을 연민하는 일에 가뿐한 부력이 주어졌고, 숏과 숏 사이의 압력으로 멀리 떠밀려가는 동안엔 송전까지 형체를 알아볼 수 없었던 인생의 시간이 고개를 내밀고 손짓하곤 했으므로. 극장의 어둠은 한 편의 영화가 수명을 다해 시야가 밝아지고 난 뒤에도 우리 안에 남아 같은 세상을 전보다 가만한 눈으로 바라보게 한다. 직업인이 된 이후로는 영화를 이해하는 시력이 곧 보는 이 자신의 향상과 무관하지 않으리란 생각이 나를 그나마 좀 더 나은 사람으로 만들었다.

영화관의 불이 켜지기 전에 누리게 되는 아름다움의 실체를 붙잡으려고 이 책의 산문들을 썼다. 보는 일에 사로잡힌 사람의 작은 역사를 쓰면서 자연히 직업 이야기를 여럿 포함하게 되었는데 그 가운데 가장 많이 쓰거나 지운 명칭은 기자, 평론가, 해설자 등이 아니라 관객이었다. 한때 나를 살린 극장의 어둠을 지금은 생계와 사회적 역할의 원천으로 삼게 된 행운에 대해서 어딘가 면구한 심정으로 써 내려가는 동안, 혼자서 누린 의미만으로 충분하다고 생각했던 경험들이 대개 공동의 체험임을 되새기게 됐다. 우리는 얼마나 자주 함께였던지. 글 쓰는 지면 밖에서 객석을 바라보고 말하는 입장이 되면서 실감했다. 관객의 원형原型적 체험을 재구축한다는 일말의 사명감은 나라는 미약한 소재가 산문에 쓰일 때의 두려움까지 극적으로 덜어주었다.

 신출내기의 명민함은 손아귀에서 흩어졌고 베테랑의 원숙함은 요원한 것 같다는 엄살에도 불구하고 그런 머뭇거림조차 관객과 직업인 사이의 이야기가 될 수 있겠다고 독려해준 출판사 마음산책과 이동근 편집자에게 빚을 졌다. 쓰고 싶은 말과 쓸 수 없는 말 사이의 장력에 짓눌려가는 필자를 기다려주고, 계절마다 사유할 책과 글의 조각을 부치면서 격려를 아끼지 않은 편집자님께 애틋하게 감사하다. 밝고 아름다우라는 이름 '소미昭美'의 한자어 의미가 흔한 여성성의 주문 같아 못마땅했던 내게 첫 만남에서 "아름다움을 비추어 소명하라는 의미 아닐까요?"라며 건넸던 정은숙 대표님의 찬연한 물음에 기대고 싶은 날들이었다. 아름답고 밝은 사람이 아니라 아름다움을 '밝히는' 사람이 새 뜻일 수 있겠다 생각하면 극장의 어둠은 더 깨끗이 깊어진다. 산문이 통과하는 십대와 삼십대까지의 시간 동안 동경의 대상에서 일터의 선배로, 어느 때는 막역한 출장의 동료로 모습을 바꿔가며 끝내 이 책에 추천사까지 더해준 김혜리 기자의 손길에도 오래 힘입었다. 극장과 책상으로 곧잘 증발

응달에서 살아남기

좋아하는 일 121

실패 지점까지 130

초심자의 경유지—칸영화제 취재기 1 139

살아 있는 사람의 부끄러운 실수 148

구워지고 식혀지기 157

외롭고 씩씩한 모임 163

엉성하게 치밀하게 171

어둠을 기다리는 사람들

바람 좀 쐬고 올게요 181

이야기에 관한 뜬금없는 지지 186

토템의 필요 193

잠드는 영화 198

앞면과 뒷면의 이중인화 203

여권이 필요 없는 국가—칸영화제 취재기 2 211

잠적을 위한 장소 222

키메라 효과—칸영화제 취재기 3 230

차례

서문 7

처음 마주한 빛

우리가 비롯될 수 있다면 19

떨면서 영화에 응수하기 27

독립-연결-슬픔 35

차선의 직업 43

영화의 가장자리에 서서

한 권을 만드는 여러 사람 중 하나 59

누가 당신을 필요로 할까요? 64

영화, 다른 방식으로 보기 72

영화 유랑 예찬 81

인터뷰어가 계단을 오를 때 87

멀어서 가까운 93

정면을 바라보기 103

쓰지 않으면 안 되는 경우에 110

하는 이를 용인해준 가족과 친구들에게는 사랑을, 송경원 편집장을 비롯해 내 가장 가까운 스승들인 《씨네21》의 모든 일원에게는 존경을 전한다. 끝으로, 『불이 켜지기 전에』를 쓰는 동안 가장 자주 극장의 어둠을 함께한 영화 〈초록밤〉의 윤서진 감독과 앞으로의 어둠을 함께할 익명의 독자-관객들을 이 오프닝크레디트에 띄우고 싶다.

2025년 여름

김소미

보는 자는 보고 있는 바로 그것이다

―페르난두 페소아, 『내가 얼마나 많은 영혼을 가졌는지』

처음 마주한 빛

우리가 비롯될 수 있다면

　쓰는 사람을 도와주는 장소를 찾아간다. 글쓰기에 관해 내가 신봉하는 거의 유일한 기술(혹은 미신)은 이것뿐이다. 운이 좋으면 작은 영화관이나 미술관, 혹은 공연장 안에 있는 카페에 적당한 자리를 얻을 수 있고, 그런 날에는 목표한 마감 분량을 채우지 못해도 나름의 위안거리가 생긴다. 관람객이라는 축복받은 존재끼리 공명하는 곳에선 누구든지 덜 침잠하게 된다. 지긋한 응시가 만드는 내적 동요, 그로부터 생성되어 무표정으로도 가려지지 않는 광채가 여기저기서 스멀스멀 배어 나온다. 겨우 장소의 힘에 기대서나마 하루치의 글이 비롯될 수 있다면 감사한 일이다. 이처럼 집단적이고 조용한 흥분 속에서 나 한 사람의 과업이 조금 덜 중요해지는 것쯤이야 괜찮다고 되뇌어볼 수도 있다. 기사를 기다리는 데스크에는 비밀로 해둔다.

어느 날의 미술관. 주위를 둘러본다. 세련되게 차려입은 사람들이 곳곳에 눈에 띈다. 그중에서도 주의가 이끌린 곳에 활달한 걸음으로 나를 지나쳐 미술관 로비를 가로지르는 젊은 엄마와 딸이 있다. 방금 본 작품에 대한 대화 한 토막이 들려온다. 아이가 말한다. "음, 내 취향에 아주 잘 맞아." 그의 냉철하고도 진지한 어조에 나는 살짝 미소 짓는다. 웃음기가 떠난 자리에 어느새 입력된 문장.

내가 가져본 적 없는 유년 시절.

나는 보호자의 든든한 동행 속에서 일찌감치 예술의 감흥을 일상의 한 대목으로 누리는 소녀의 뒷모습을 잠시 부러워한다. 모녀가 나눌 법한 대사를 홀로 재구성해보면서. 음침한 시선을 느낀 듯 아이가 멀리서 뒤돌아본다. 여전히 감동을 머금은, 얼핏 약간 멍한 것처럼 보이는 어린 관객의 무구함이 해소되지 않은 나의 박탈감을 부끄럽게 한다.

즉시 고개를 돌린다. 온돌방 위로 펼쳐진 누비이불과 그 아래 가지런히 뻗은 내복 차림의 다리가 보인다. 이불 위 아이의 얼굴은 약간 굳어 있다. 부모가 빌려온 비디오테이프에 빨간 딱지가 붙어 있는 것을 알아차렸기 때문이다. 여섯 개의 눈이 말없이 텔레비전으로 향한다. 언제 봐도 오싹한 공익광고가 지나간다. 천연두에 걸린 남자, 불빛 속에서 춤추는 스트립 댄서, 굿하는 무당의 펄럭이는 무지개색 옷자락……. 유년의 감각 속에서 색채는 더욱 무서운 탱화풍으로, 멜로디는 호러적으로 기억된다. 비디오테이프를 집어넣을 때마다 경고 영상부터 보게 된 밀레니얼들이 내면화한 것은 '영화 보기'가 어째서인지 일탈로 느껴지는 일말의 죄의식이다. 아무렴, 이어지는 영화는 언제나 좋은 것이었다.

그렇게 나는 처음 '한국영화'를 보았다. 어항 사이에서 마주 보던 남녀는 곧 서로에게 총을 겨눴다(〈쉬리〉). 며칠 뒤 비디오를 반납하러 간 아버지는 새것을 빌려 왔다. 빗속에서 수십 차례 칼에 찔린 남자가 무어라고 중얼거렸다(〈친구〉). 첩보 멜로드라마와 뒷골목 누아르가 내 인식 체계의 그물망 안으로 들어오는 순간이었다. 안방에서 본 〈쉬리〉와 〈친구〉는 지금까지도 가족이 다 함께 본 얼마 안 되는 한국영화로 남았다. 1999년, 한국영화 르네상스의 도래를 기다리는 세기말. 당대 박스오피스 최고 흥행작이었던 〈타이타닉〉보다 빠른 속도로 '한국영화 사상 최다 관객 동원' 신화를 쓴 〈쉬리〉와 〈쉬리〉보다 더 많은 패러디를 양산한 흥행작 〈친구〉가 그렇게 대구의 평범한 가정집 안방까지 도착했다.

　잠시 후, 에디 세즈윅처럼 깎아지른 쇼트커트를 하고 짙은 초록색 스타킹을 신은 S가 도착했다. 혼자 추위를 잊은 차림새로 미술관 중정을 가로지르는 여자가 내 일행일 줄은 몰랐다. 석사과정 중인 그는 몇 년 전 학보사 기자 생활을 하면서 내게 처음 메일을 보내 인터뷰를 요청했는데, 당시로서는 영화기자라는 직업에 대해 도무지 말할 거리가 없다고 느껴 거절했다. 얼마 전 다시 연락 온 S는 졸업논문을 위한 취재차 나를 꼭 만나고 싶다고 했다. 두 번 거절할 담력은 없었고 무엇보다 그가 먼저 자신의 맨 심장을 꺼내어 보였기에 응답하고 싶어졌다. "자원이라고 할 만한 것이 없었던 제게 '내 것'을 쌓게 해주는 목소리들이 있었습니다. 기자님이 그중 한 분입니다." 긴 편지의 한 구절 속 그가 쓴 "자원"이라는 말이 걸렸다. 쓰고 싶은 사람이라면 누구나 자기 안의 자원을 긁어모으고, 재어보고, 다루어보고, 마침내 그것들이 한 줌밖에 되지 않는다는 사실에 좌절하기 마련이므로. 나는 그 희박함을 인정하면서도 꿋꿋이 쓰는 자들의 대열에 늘 합류하고 싶었으므로.

S 앞에서 내가 왜 혼자서 많은 것들을 보게 되었는지, 커리어 같은 것을 원하기 전부터 보는 일이 어떻게 직업이 될 수 있겠다고 상상했는지, 나아가 영화기자의 생계는 어떠한지 찬찬히 더듬어 내려간다. "제 유년의 집에 보관된 특이한 것이라곤 영화 〈누가 로저 래빗을 모함했나〉의 불법 복사본 테이프밖에는 없었습니다." 세월이 흐른 뒤 가족에게 출처를 물어보았으나 아무도 그 존재조차 기억하지 못하는 테이프였다. 덕분에 에로스와 익살, 패러디와 페스티시의 감각이 삶으로 들어왔지만 로버트 저메키스가 내게서 본래의 신상을 되찾기까지는 꽤 오랜 시간이 걸렸다. 오랫동안 나는 그를 커다란 토끼와 야한 여자가 나오는 희한한 애니메이션의 감독으로 기억했다. 그리고 고전기 디즈니 애니메이션 〈피터팬〉(1953)이 있었다. 단지, 그뿐이었다. 나무 기둥에 묶여 네버랜드로 날아가지 못한 유모 개 나나처럼 나는 처량한 포즈로 무언가 더 많이 볼 수 있는 세계를 오랫동안 꿈꿨다.

 보는 것의 모든 역사는 집 밖에서 이뤄졌다. 국립중앙박물관의 입장료가 무료라는 사실을 알았을 때, 그래서 반가사유상이 반가부좌를 튼 사유의 방에 몇 시간이고 앉아 있어도 괜찮았을 때, 터무니없이 비싼 학비를 어떻게든 빚으로 감당하기만 하면 그곳에서 나와 친구들이 만드는 모든 것이 영화 혹은 연극이 되어갔을 때, 생애 처음 발 디딘 뉴욕의 메트로폴리탄미술관 입구에서 만난 경비원이 "내고 싶은 만큼만 내세요!"라고 경쾌하게 외쳤을 때, 1달러를 내고 미술관 구석에서 혼자 구겨져 있는 사람이 나일 수 있었을 때 시간은 빨리 흘러갔다.

 반쯤 추슬러진 인터뷰와 각자의 일거리를 싸 들고 문 닫기 전 미술관 로비를 함께 돈다. 예술의 언저리에서 매개자 혹은 통역사로 기능하고자 하는 초심자가 반쯤 두려운 얼굴로 내게 공유한 고민은 아비투스가 자기 계발의 논리로 동원되는 능력주의의 씁쓸한 뒷맛을 곱씹게 했다.
 내게도 보호자의 성령 아래 세례받지 못한 것들을 하나하나 나열해보는 밤이 있었다. 못생긴 부스러기들을 쪼개고 또 쪼개도 나의 미약함만을 탓하게 되는 밤에는 뻔뻔한 선언으로 도피하곤 했다. 보는 일에 관한 한 나는 자수성가했다. 누군가 자기 '혼자' 일구었다고 자랑스럽게 말한다면 그는 나르시시스트이거나 사기꾼이거나 둘 모두일 가능성이 높겠지만, 그럼에도 스스로에게 관용을 베푸는 밤. 한때 보았고 또 앞으로 보려고 데려다 놓은 것들이 가득 진열된 내 안의 작은 집을 쓸고 닦는 심정으로 잠든다. 그것들은 전부 난데없다. 의지할 곳 없는 날에는 오직 그런 난데없음에 대해서 궁리해본다. 도대체 우리는 어떻게 우리가 겪지 않았을 뿐 아니라 한 번도 배우거나 상속받지 못한 것들에도 무모한 열정을 품을 수 있었을까. 영혼의 소속감도 불사하면서.

S에게 조앤 디디온의 『베들레헴을 향해 웅크리다』를 선물했다. 그에게 내가 한 말은 디디온이 이 책에서 쓴 문장을 내 식대로 바꾸고 회고한 것들이라고 고백했다.

> 자기만의 노트를 쓰는 사람들은 완전히 다른 부류로,
> 외롭게 만사에 저항하며 재배치하는 사람이다. 불안한
> 투덜이, 분명 태어날 때부터 어떤 상실의 예감에 감염된
> 아이들이다.•

자기만의 보기에 관한 근본 없는 취향의 소유자들, 우아한 계보와는 거리가 먼 인터넷 해적들, 자라는 내내 자기도 모르게 외로운 발명가가 되는 사람들, '좋

• 조앤 디디온, 『베들레헴을 향해 웅크리다』, 김선형 옮김, 돌베개, 2021, 189쪽.

은 것을 더 많이 보았더라면 혹시 더 잘 쓸 수 있었을까' 같은 쓸데없는 질문들에 불씨를 붙였다가도 금세 발로 비벼 끄는 사람들, 아무도 모르는 점화와 소화의 전문가들. 나는 그런 사람을 만나면 달려가서 질척거리고 싶다.

퇴장 시간에 맞춰 미술관을 빠져나가는 이들이 내뿜는 압도적인 충만함을 다시 한번 확인하면서 나와 S는 한 사람씩 회전문으로 걸어 들어갔다. 아주 느리게 반바퀴를 돌면서 잠시 후 헤어질 그에게 무궁한 가정법을 써보고 싶어졌다. 만약에. 저마다 난데없는 목록의 주인인 나와 당신을 잠시 우리라고 칭할 수 있다면. 우리가 계속 보고 싶은 것을 발명할 수 있다면. 아무도 우리에게 강요하지 않은, 그저 무언가를 보고 싶다는 열망만으로 집을 지을 수 있다면. 그렇게 우리가 자기 자신으로부터 매번 비롯될 수 있다면. 어떠한 가능성도 담보해주지 않는 이 소망 어린 전제에 슬그머니 의지를 실으면서 비슷한 두 여자가 다음 만남을 기약하고 헤어졌다.

떨면서 영화에 응수하기

과도하게 보고 집요하게 써도 좋다. 영화기자라는 직업에 부여된 최상의 특권을 추출하라고 한다면 내게는 처음부터, 그리고 줄곧 이것이었다.

오래된 다락방으로 잠시 올라가본다. 세기말에서 뉴 밀레니엄의 도입부 사이에 전국의 미취학 아동을 음지에서 교육한 기관은 마지막 전성기를 누리던 비디오 가게들이다. 나는 그곳에서 〈주온〉과 〈링〉을 즐겨 꺼내들었다. 대구 다사읍의 삼산아파트 상가 2층 왼쪽 끝에 있는 '둘리비디오'에서 〈주온〉을 빌린 일이 내 모든 직업적 역사의 발단이다. 내가 본 것은 극장판 이전에 만들어진 비디오판 〈주온〉으로, 이것이야말로 '진짜' 〈주온〉이라고 할 수 있다. 우리 집 VHS에 꽂힌 비디오테이프에 혹시 저주가 묻어 있는 게 아닌가 싶게 께름칙한 공포를 자극하는, 저화질의 홈 비디오 공포영화. 인심 좋던 둘리비디오 사장님을 떠올리면 가끔 묻고 싶어진다. "아저씨, 그때 나한테 왜 그랬어요?"

지극히 평범할 뿐인, 평범보다 약간 더 소심한 애가 왜 그토록 호러에 집착했는지에 대해서는 의외로 비슷한 역사를 소유하고 있는 이들이 많다는 사실로 갈음할 수 있을 것 같다. 우리는 매혹되고 싶었다. 해소를 원했다. 겨우 열두 살 정도였다고는 해도.

초등학교 시절에 친구 하나 없이 혼자 극장에 가서 주구장창 호러영화를 보았다는 구로사와 기요시 감독의 회상에 동조하자니 그처럼 탁월한 인생은 되지 못해서 조금 뻔뻔스러운가 싶기도 하다. 그래도 나는 그가 부모님과 선생님의 만류를 뿌리친 채 꽤나 고집스럽게 자신의 호러 전통을 이어갔다는 사실에 무턱대고 존경심을 느낀다.

방과 후 영화 감상부에 다닌 적도 있었는데, 우리가 한 것은 주로 영화를 보고 '독후감'에 가까운 글을 쓰는 일이었다. 선생님은 우리가 영화로부터 적절한 교훈을 도출했는지 검사하는 데 열을 올리거나 영화를 틀어준 뒤 곧잘 사라지곤 했다. 본격적으로 인터넷에 익숙해지기 시작하면서부터는 검색의 맛을 깨우쳤다. 나를 동요하게 만든 영화에 관해서 있는 힘껏 샅샅이 뒤지고 다녔다. 좋은 영화를 보고 나면 그것에 대해 말하는 다른 사람의 이야기를 원하게 된다. 그런 들뜸만으로 몇 시간 혹은 며칠이 흡족한 시절도 있는 법이다. 두 시간 남짓한 영화의 러닝타임은 그것에 응수한 사람들의 온갖 반응들(비평이나 리뷰에 국한되지 않는 온라인 커뮤니티의 수많은 리액션 조각들) 속에서 생명을 연장하곤 한다.

멀쩡히 다니던 증권회사를 그만두고 디지털 정보통신 회사를 표방한 벤처기업을 차렸던 아빠는 그 무렵 서울로 사라졌다. 우리는 IMF 외환위기를 관통했고 자주 이사를 다녔다. 아빠는 은신했고 엄마는 자기 삶을 전락으로 받아들였는데 그런 진실을 그때의 나도 모르지는 않았다. 슬퍼질 것 같을 때면 비디오판 〈주온〉이 도움이 됐다. 저예산의 아마추어적 만듦새가 불러낸 엇나간 리얼리티의 소름 끼치는 미학에 부르르 떨면서 나는 슬퍼하기보다 오싹해하기를 택했다.

세상 모든 영화는 오직 그 시기에만 가능한 양태로 완성된다. 그 시절의 내 슬픔은 〈주온〉의 열악함을 만나서 특별한 위로를, 나아가서 돌봄의 효과 같은 것을 얻었다. 결혼식장에서 신부를 돕는 수부 일을 시작한 엄마는 주말에 한참 동안 집을 비우고 돌아온 뒤에 꼭 뒷면이 툭 튀어나온 텔레비전과 컴퓨터 모니터에 손바닥을 대어보곤 했다. 급하게 전원을 눌러 끈 전자기기들의 심장은 따뜻하다 못해 뜨거웠지만 엄마는 자주 모른 척했다.

영화를 보고 나서 부리나케 인터넷 세상을 파헤치는 것이 영화에 관한 내 최초의 응수였다면 다음 행보는 오히려 아날로그로 향했다. 학교 도서관에서 구독 중이던 《씨네21》을 만난 것이다. 영화를 두고 논쟁하는 평론가들의 대담에 밑줄 긋고 김혜리라는 이름을 추종하게 된 것은 공립중학교에 다니는 십대 영화광에게 허락된 유일한 사치였다. 실질적인 이해가 결여된 상태로 영화비평을 탐독하던 내 행동에 대해 긴 시간 지적 허영이라는 이름표를 붙여두었는데 지금은 그보다 다정하게 바라본다. 어떻게든 영화에 관한 내 액션을 치르고 싶었다고.

훌륭한 영화를 보고 난 뒤에 마음 안에 벅차오르는 느낌을 우리는 흔히 감동이라고 일컫지만 어떤 경우에는 충동에 더 가깝다. 앞으로 내 삶이 더욱 제대로 펼쳐질 것만 같은 느낌, 영화로 말미암아 더 나은 마음으로 살아볼 수 있을 것만 같은 충동을 나는 영화로 인해 처음 느꼈다. 텍스트와 독자 사이에 발생하는 끈끈한 교류에 관해서라면 그 깊이와 내밀함으로서는 문학이, 찰나의 희열로서는 음악이 훨씬 탁월할 수도 있다. 상호텍스트성으로 무장한 영화가 아무리 이 모두를 포용한다고 해도, 내 직업이 영화기자라고 해도, 영화가 가장 뛰어난 매체라 추켜세우고 싶지는 않다. 하지만 영화에 관객이 스스로 세상과 상호작용하도록 하는 특별한 추동력이 있다는 점만큼은 신뢰한다. 특히 자신의 감상을 집단의 경험 속에 투영해보고 싶은 욕구는 영화예술이 유독 강하게 불러일으키는 정서다. 엔딩크레디트 이후에도 이어지는 어떤 불가사의한 관성에 자신을 내맡긴 관객에겐 기분 좋은 행복감이 뒤따른다.

도대체 왜 그럴까? 영화를 보는 동안 우리는 일방향의 빛에 사로잡힌다. '최신 개봉작'이라는 문화산업의 소용돌이에 합류한다면, 그러한 경험을 심지어 대다수가 엇비슷한 시기에 같은 영화로 체험한다. 시답잖은 시간 때우기, 흥미진진함, 지루함, 압도감과 경외심, 숭고한 정화 작용에 이르는 효과에 자신을 노출하면서 함께 '꿈'꾼다.

내가 아는 한 모든 관객은 잠시나마 '영화 이후의 삶'을 산다. 그걸 '살아 있음'으로 불러도 좋을까. 모험하고 싶은 욕망, 사랑에 빠지고 싶은 느낌, 내 삶을 더 치열하게 다독이고 싶은 생명력, 더 자유롭거나 방탕해지리라는 파괴심이 치솟을 때 우리는 살아 있다.

  카메라 렌즈를 통과한 빛이 필름의 은 입자에 닿으면서 이미지가 형성되는 순간을 상상해보자. 이 빛의 에너지는 명암과 색으로 필름 위에 기록되고 현상 과정을 거쳐 현실화된다. 이후 영사기에 투과되어 스크린에 표출되는 것이 전통적 의미의 영화가 소임을 다하는 순간이다. 그러나 영화의 빛은 바로 그때부터 시작된다. 관객의 눈은 영화가 깨어나기 위해 통과하는 마지막 물리적 장치다. 극장에서, 누군가의 작은 방에서 이 매체의 수명은 극적으로 연장된다. 한 편의 영화를 두고 수많은 관객이 저마다의 망막에 맺힌 각자의 잠재적 이미지를 기억한다는 사실이 영화 보기의 은밀한 성질이다. 컴퓨터 데이터와 픽셀 차원에서 관객의 육체적 감각과 상호작용하는 디지털시네마도 이러한 본질로부터는 멀어지지 않는다.

  오직 각자의 빛, 색, 소리가 합쳐진 역동적 운동을 끌어안고 엔딩크레디트를 마주하기에 영화를 보고 난 우리는 이제 그것에 응수하고 싶다는 충동에 사로잡힌다. 영화의 관객이 된다는 것은, 두 시간 남짓 이어진 초당 스물네 번의 명멸을 어떻게 저마다의 양태로 '오해'했는지 고해성사하는 일로 마무리된다. 동일한 발신자로부터 무한한 수신과 답신이 펼쳐질 시간이다.

〈주온〉과 〈링〉을 보면서 움찔 놀라거나 남몰래 떨게 된 이후부터 영화에 관해 찾아보는 습관이 생겼다. 읽고 또 읽었다. 《씨네21》의 모서리를 몇 번씩 접어두었다. 수영을 배우지 않고도 동네 목욕탕에서 바가지 두 개를 겹쳐 부표 대신 쓰면서 물 위에 떠오르는 법을 익히는 것처럼 나는 제멋대로 영화의 구성 요소들을 이해하고 그 안에서 헤엄쳤다. 숏shot과 신scene, 플롯plot과 내러티브narrative, 미장센mise-en-scéne과 몽타주montage가 무엇인지는 중요하지 않았다. 아무것도 모르는 상태에서 내 안의 흐릿한 감흥을 예리하게 구체화한 이 글과 저 글의 모퉁이로 향해 갔다. 그런 첨벙거림은 어둠 속에 기어들어가 영화를 보는 일이 곧 세상 밖으로 나가는 일이라는 사실을, 보고 읽는 일이 쓰는 일로 이어진다는 사실을 차근차근 알려주었다. 동네 비디오 가게는 곧 문을 닫았고 나는 혼자서 영화 티켓을 끊는 일에 익숙해졌다.

좋은 영화를 보고 나면 응수하고 싶어진다. 응답보다는 응수라고 말해보고 싶다. 좀 더 전투적이고 열성적이며 또 교차적인 느낌이 드니까. 영화에 감응한 우리는 기꺼이 그 작품에 응수하려고 한다. 쓰거나 말하고, 때로는 침묵 속에서 그저 열렬히 검색하는 방식으로. 그렇게 파생된 누군가의 영화 퀴즈, 블로그, 20자 평들의 무더기, 리트윗과 하트, 댓글 없는 게시 글들, 아무도 피드백하지 않는 지면의 수많은 기사와 비평들이 내게는 드넓은 우정의 통로다. 더 열심히 보고 찾고 쓰고 싶은 충동은 항상 그곳을 드나든다.

독립-연결-슬픔

충정로 약현성당 맞은편. 거의 쓰러져가는 오래된 건물 꼭대기 층에 영화잡지 《anno.》의 사무실이 자리 잡았다. 좁고 가파른 계단을 올라 초록색 철제 간이 문을 하나 통과해야만 들어갈 수 있는 다섯 평 남짓한 방. 지금은 〈윤희에게〉 〈메리 크리스마스 미스터 모〉 등을 만든 영화 제작사 달리기를 운영하는 박두희 대표가 대학생 창업가로 이런저런 시도를 하던 때였다. 그가 국가지원 사업을 끌어모아 투자자로 나서고, 한동균 감독이 편집장으로서 주도해 독립잡지 《anno.》가 막 출범한 시점. 나는 창간호 제작비 모금이 한창인 텀블벅 페이지에 끊임없이 새로고침 버튼을 누르면서 처음으로 출근이라는 것을 했다. 스스로의 효용가치를 증명하고 싶다는 욕구가 비집고 나오던 시기였다.

그즈음 나의 주요 은신처는 중랑천과 인접한 학교 후

문으로 가는 좁은 샛길, 캠퍼스 틈새에 마련된(몇몇은 흡연 아지트로 애용하는) 인적 드문 벤치였다. 가끔 쾌활해진 날에는 예술극장 앞에 모여 무대장치를 썰고 이어 붙이는 기세 좋은 연극부 사람들과 인사를 나누곤 했지만 대개는 곧장 영화과 강의실이 밀집한 지하로 쳐들어가기 바빴다. 영화를 봤고, 해묵은 영화사부터 최신 미학 이론까지 널뛰듯 공부했고, 매년 아리스토텔레스의 『시학』을 가르치러 온 새로운 시간강사의 피로를 모른 체하다가, 밤이면 촬영장으로 향했다. C-스탠드와 콤보 같은 촬영 장비를 전혀 무겁지 않은 척하면서 옮겼다. 남자들에게 지고 싶지 않았는데, 그런 치기를 품고 사느라 자주 끙끙 앓았다. 뭉쳐진 먼지가 전선 사이로 풀풀 날아다니던 편집실에는 언제나 퀴퀴한 곰팡이 냄새가 났다.

시사실에서는 꼭 누군가 울고 있었다. 낮에는 프리드리히 빌헬름 무르나우의 〈일출〉, 찰리 채플린의 〈시티라이트〉, 장 비고의 〈라탈랑트〉, 알랭 레네의 〈밤과 안개〉 같은 영화들이 상영되었고, 밤에는 허우샤오시엔, 에드워드 양, 차이밍량의 영화를 설파하는 선배들이 한 움큼 모였다가 곧 레드락 생맥주를 마시러 떠나곤 했다. 이 시절의 내 생활은 뭐랄까, 저급했다. 이런 낭만을 지금이 아니면 다시는 누릴 수 없으리라고 막연히 짐작하면서도 자폐적인 영화의 세계에 단단히 갇혀 있다는 자각 때문에 자주 불안했다. 영화, 영화 하다가 바보가 될 게 분명했다.

그런 내 눈에 캠퍼스 밖에서 만난 《anno.》의 동료들은 신세계의 사람들이었다. 우리는 에디터, 디자이너, 마케터, 프로젝트 매니저같이 스타트업에 어울리는 직책으로 각자의 전선을 정리했다. 활자들의 모임 바깥에서 어떻게 한 권의 잡지가 형태를 갖춰나가는지 목격하는 일은 짜릿했다. 충정로 사무실로 향하는 가파른 계단이 곧 내가 지하 시사실을 벗어나기 위해 올라야 하는 관문처럼 보였다. 잔뜩 멋 부린 문장이나 현학적으로 쓴 (내 글이 가능한 한 많은 이에게 읽히길 바라면서 정작 '동시대 아시아 영화에서 발견되는 탈-국경적 정체성의 지정학적 함의' 같은 제목으로 글을 썼다) 글에 대해 동료들은 일말의 적의도 없이 "이게 무슨 뜻이야?" 하고 자주 물어봐 주었다.

어렴풋이 글 쓰는 일로 돈을 벌고 싶다는 생각도 처음 했다. 한 권의 잡지를 만들어 적어도 다음 잡지를 만들 정도는 되는 수익을 실현하고 싶었다. 나는 지속가능성을 원했다. 그런 것을 직업이라고 부를 수 있을지도 몰랐다. 2013년 가을, 우리는 독립출판물 축제인 언리미티드 에디션에 처음으로 부스를 차렸다.

일민미술관의 하얀 복도 곳곳에 펼쳐진 작은 테이블들, 그 위에 놓인 수작업의 흔적이 역력한 책과 굿즈들. 모든 것이 소량 생산이었고, 모든 것이 유일무이했다. 판매자와 구매자 사이의 경계는 모호했다. 오늘 이 책을 사 간 사람이 내일은 저 테이블에서 자신의 책을 팔고 있었다. 뒤섞이고 순환하는 구조 속에서 나는 처음으로 '만드는 사람'이 되는 경험을 했다. 리어카에 책을 가득 실어 미술관에 입장한 뒤 가장 보기 좋은 방식으로 진열하고, 밤이 되면 팔리지 않은 것들을 각자의 집으로 다시 가져가기 위해 낑낑대는 막무가내의 나날들이 좋았다. 우리가 만든 책의 이름과 디자인이 멋지게 박힌 에코백을 들고 다닐 때의 유치한 행복감도, 내색하긴 싫었지만 마음 깊은 곳에서 소용돌이치던 소속감도 흡족했다.

제도권의 인정이나 호명 이전에 보장된 독자도 없이 혼자서 긴 글을 쓸 수 있었던 건 전적으로 독립잡지를 만든다는 의식 덕분이었다. 나는 독립출판 시장이 전성기를 구가하던 시절, 모두가 각자의 방식으로 예술에 가치를 부여하고 새 정전을 발굴하고자 하는 아마추어리즘의 세례를 부지불식간에 누렸다. 플레인 아카이브, 프로파간다 시네마 스토어, 프리즘 오브, 캐스트, 오큘로, 세컨드 필름 매거진 등 주로 영화 관련 잡지와 창작물 부스에서 만난 인연들과는 지금도 줄곧 일과 취향의 경계에서 자주 마주치곤 한다.

맞잡은 손 사이로 종종 발톱 모양의 두려움이 튀어나오긴 했다. 더 공부하는 것이 좋지 않을까? 더 겸손할 수는 없나? 혹시 더 신중해진다면? 글 쓸 자격에 대해서 고민하는 내 안의 엄숙주의를 혼자였다면 극복하기 어려웠을 것이다. 그러나 아카데미아를 통해서만 정확해질 수 있다는 믿음을 깨부순 사람들이 거기 있었다. 해적질로 영화사의 정전을 재조합한 시네필들, 연구자이자 운동가인 사람들, 가내수공업의 달인들, 심각하게 내성적인데도 모임을 조직하는 타고난 일꾼들, 각종 기획자와 에디터들, 페미니스트, 채식주의자, 성소수자, 디아스포라, 경계인, 그들의 파트너와 반려동물 들을 만났다. 그 사이에서 신나게 동족을 사랑하고 질투도 했다. 보상 없이 무언가 계속하기 위해서 필요한 것은 연결되어 있다는 감각이었다.

내가 초보 잡지 에디터로서 본격적으로 경험한 것은 실무를 구성하는 전문 기술 같은 게 아니라 슬퍼하고 불편해할 용기였다. 2015년, 나는 세월호 참사 1주기를 추모하는 이들이 각자의 자리에서 그토록 뜨겁게 애도하고 있음을 그해 가을 언리미티드 에디션이 열린 일민미술관 복도에서 뒤늦게 감각했다. 2016년, 강남역 살인 사건 이후 내 안의 불편감이 예리한 언어를 찾지 못하고 부유하던 시기에 "우리는 연결될 때 강하다"라고 적힌 아름답고 반짝이는 스티커들을 잔뜩 쥐여주고 사라진 여자들이 있었다.

그리고 2022년, 가벼운 행장으로 들른 언리미티드 에디션에서 동료들의 작업에 신나게 지갑을 탕진하고 돌아온 밤, 이태원 참사 소식을 들었다. 정확히는 무방비 상태로 SNS를 스크롤하다가 '봤다'고 해야 할 것이다. 책을 엮고 소소한 물건들을 만드는 사람들, 미술관 한 곳에 모여 작은 축제를 여느라 이태원에 가지 않은 사람들, 한때 그들이 되고 싶었고 잠시 그들이었다가 여전히 그들을 동경하는 사람인 내가 순전히 우연찮게 살아남았다. 정확한 언어를 찾지 못한 채 뭉개진 충격만이 가슴에 떠돌았다. 할 수 있던 것은 부유하는 말들로 우선 서로의 안부를 묻는 일뿐이었다.

앞으로 몇 년이 지나 이날 밤을 어떻게 서술하게 될지, 그저 살아남았을 뿐인 사람들의 경험이 어떻게 공동의 애도로 확장될 수 있을지 아직까지는 어떤 확언도 남기기 어렵다.

  나는 활자가 있는 곳을 첫 일터로 누렸다. 노동 끝에 일말의 부스러기처럼 남은 자긍심도 맛봤다. 동료를 얻었고 작은 축제에 참가했다. 독립출판물 시장이나 아마추어리즘에 대해 메타적인 성찰을 하게 된 것은 오히려 한참이 지나서다. 자주적으로 이야기를 짓는 사람들 사이에서 이십대 초반에 내 자아의 일부를 공적 영역으로 독립시킨 경험은 얼떨떨한 행운이었다. 그 자아는 밖으로 나가고, 글을 쓰고, 일정을 지키고, 생산과 유통에 가담하면서 타인을 위한 쓸모를 계발했다. 결정적으로, 가족이나 학교로 대변되는 제도적 세계에서는 좀처럼 발화할 수 없었던 슬픔을 나눌 가능성에 대해 그곳에서 제대로 상상하기 시작했다. 처음엔 재빨리 유능해지고 싶었고 커리어를 위한 이력이나 기술 같은 것을 기대한 적도 있었지만, 정작 영화와 책을 사랑하는 사람들 사이에서 배운 것은 스크린 밖에 실재하는 용기와 연대의 다양한 모양이었다. 나 자신의 온전한(세상엔 하찮은) 독립, 그 이후의 환한 연결, 그리고 공동의 슬픔으로 미약하게나마 나아가기. 모든 영화는 사실상 슬픔에 관한 것이다. 영화 바깥에 무엇이 있길래? 나보다 먼저 쓰고 만들고 지어낸 사람들 사이에서 함께 목격하면서 주워 든 뜨거운 조약돌을 나-우리는 아직도 손에 쥐고 있다. 온기는 가시지 않는다.

차선의 직업

　스물한 살의 일기.

　편집을 하면 할수록 영화가 이상해지는 걸 알면서도 시간을 끌었다. 새벽 5시 30분. 몸을 일으켜 지하 편집실 문을 열었다. 캄캄하고 좁은 학교 복도에는 아무도 없었고 지상으로 향하는 계단 너머로 동이 터오고 있었다. 올려다본 하늘은 살면서 처음 보는 파랑이었다. 습작을 습작답게 두지 못하는 내 수치심은 저 파랑을 제대로 볼 여력이 없다. 먹다 남은 음식의 잔해를 버리면서 생각했다. 앞으로도 겨우 이런 식으로 흘러갈까? 내 미약함에 번번이 실망하거나 받아들이지 못해서 억지 부리는? 하지만 바깥의 빛은 내가 더 들여다보아야 할 곳이 여기 있다고 말해주는 것 같다. 부끄러움이 어떻든, 얼마나 역부족이든 날은 점점 더

밝고 소란스러워질 테니 밖으로 나가야 한다고. 마음에 지지 말고 세상의 파랑을 들여다보라고.

영화과에 입학해서 한동안은 누군가에게 기억될 만한 감독이 되는 미래에 대해서 꿈꿨다. 나를 뒤흔든 영화를 만든 사람들은 '거장' 같은 수식으로 곧잘 불리곤 했었으니까. 영화감독이라 불리는 이들은 비범한 삶을 살아가는 것 같았다. 한 손에 담배를 들고 우울한 얼굴로 "내가 바라는 건 오직 침묵과 평화뿐이죠"•라고 말하는 크시슈토프 키에슬로프스키처럼(그는 그렇게 말하고는 다음 날 새벽 6시에 장화를 신고 조명기를 든 채 비 온 뒤 질퍽해진 촬영 현장으로 걸어 들어간다). 삶을 곧 영화와 일치시킨 사람들이 이 직업에 어울려 보였다. 자기 자신마저 다큐멘터리의 재료로 만든 아녜스 바르다가 그랬듯. 그들에게 영화는 전 생애를 걸친 태도이자 수행의 일부인 것 같았다.

• 〈베로니카의 이중생활〉 DVD 중 크시슈토프 키에슬로프스키의 인터뷰에서 인용했다.

그러므로 (…)

그들처럼 되고 싶다고 바라는 건,

나아가 그런 마음을 밝히는 건,

너무 크고 무겁게 느껴진다. 비밀로 두는 게 좋겠다.

아무에게도 들키지 않으려 애썼다. 영화를 공부하면서도 창작자로서 야심이 없는 척했다. 폭력성을 동반하는 방식의 영화 만들기를 당당히 해나가는 몇몇 선배들에게 환멸을 느꼈다. 내가 그런 윤리의식을 소유한다는 것에 자긍심을 가지지도 못했다. '무언가 불사하는 저 불도저 같은 힘이 실은 이 일의 본질은 아닐까' 하고 내심 흔들렸으므로.

학교 워크숍에서는 미장센단편영화제에 가는 법 같은 것을 전략으로 주고받았다. 플롯의 3장 구조가, 사회적인 메시지가, 장르적 재기가, 진정성이 돋보이는 연출 의도와 시선을 끄는 시놉시스가 장려되었다. 동료들은 착실히 그 계단을 걸어갔다. 나는 종종 그들을 무시하는 못된 말들을 내뱉으면서 내가 그 세계를 얼마나 의식하고 있는지에 대해 외면했다.

어떤 이들은 이 모든 것에 구애받지 않고 꿋꿋이 자기 작업으로 걸어갔다. 그 용감함이 궁금해 그들 곁에 기웃대면서도 오래가지 못하리라고 주제넘게 낙담하거나 슬퍼했다(지금 그들 대부분은 내가 가장 자랑하고 싶은 이름들이다).

내가 열망하는 것이 곧 내가 수치스러워하는 것인 나날들. 이십대는 그런 시간이었다.

지금도 이 마음을 돌아보는 일이 조금 마뜩잖다. 카메라 뒤편에 앉은 사람들에게 투영한 내 환상에 아직도 꼬리가 남아 있나? 혹여나 그 자리에 내 모습을 대입할라치면 우선 제대로 인정받아야 한다는 마음부터 앞선다. 처음부터 완벽한 결과물을 보여주고 '거 봐, 역시 재능이 있잖아' 같은 말을 듣고 싶은 것이다.

그런 부담감은 한 사람을 완전히 마비시킨다. 감당할 수 없다고 뒷걸음질하게 만든다. 어떤 일이라도, 어떤 욕망이라도 예외는 아니다.

멀리 있는 기억 하나를 끌어내 와야겠다. 열 살쯤이었을까. 지금 생각해보면 고작 4층짜리 건물이었지만 그 무렵엔 계단을 한참 올라가야만 당도할 수 있었던 피아노학원이 보인다. 흰색 아니면 검은색의 영창 피아노가 놓인 몇 개의 좁은 방. 공용 거실에 놓인 큰 테이블엔 음표를 그리고 색칠하는 아이들이 둘러앉아 있다. 나는 그

중 가장 끝 방의 학생이다. 덜덜 떨면서 체르니 100번을 익힌다. 왜 그렇게나 겁을 먹고 있는지. 오늘의 내가 과거의 내게 어이없다는 표정을 짓는다. 삶에서 몇 안 되는 황금 같은 시간이었는데. 아무것도 잘할 필요가, 누구에게도 칭찬받을 필요가 없었는데!

하지만 나는 정확히 반대로 했다. 틀릴까 봐 걱정했고 혼나는 건 더더욱 무서웠다. 그런데 또 연습 숙제에는 불성실해서, 손가락을 유심히 노려보는 선생님 옆에서 어색하게 건반을 치다가 도망가고 싶다고 생각하기 일쑤였다. 문간 너머로 또래보다 진도가 느려요, 하고 선생님이 엄마에게 말하는 걸 엿들었다. 영화 〈밀양〉에는 신애(전도연 분)가 아들을 잃은 직후에도 피아노 수업을 계속해나가는 장면이 있다. 숙제를 하지 않았으면서 자꾸만 거짓말을 하는 학생에게 신애는 이번엔 그냥 넘어가지 않겠다고 으름장을 놓는다. 사실 신애는 그저 울고 싶을 뿐이다. 그리고 나도 그 장면을 보면 잠시 울고 싶어진다. 한때 나도 한번 내뱉은 거짓말을 되돌리기 부끄러워서 내내 억지 부린 적 있는 어린이였고, 지금은 그런 아이들의 상기된 얼굴을 잘 알아차리는 평범한 어른이 되었으니까.

어느 날 부르크뮐러 연습곡집 중 2번인 아라베스크를

치는 차례가 왔다. 오른손을 재빨리 움직여야 하는 곡이다. 그 와중에 왼손과 오른손이 맞붙는 순간도 과감히 통과해야 한다. 생기 넘치는 아라베스크의 멜로디가 4층 끝 방에서는 한없이 무섭고 버겁게 들렸다. 그 아침이 정확히 기억난다. 선생님 앞에서 아라베스크 연주를 확인받을 자신이 없어서 엄마에게 피아노학원을 관두고 싶다고 전혀 다른 핑계를 대면서 간청했던 순간이. 세상은 밀레니엄으로 들썩였는데, 누군가는 아라베스크로부터 조용히, 그리고 영원히 도망쳤다.

10년 가까이 벌이고 있는 이 일, 주간지 작업은 내게 스트레스를 준다. 그러나 영화 만들기 같은 것과 비교하면 그 스트레스는 한결 안락한 언어로 탈바꿈한다. 내 몸에 달고 있을 때는 '이것만 없다면' 하고 바라게 되는 마감 스트레스는, 드문 자유의 순간에 언제나 그 필요를 되뇌게 한다. 마감의 위력만큼 나를 제자리에 붙드는 것은 드물다.

한동안 케이블 채널에 정기 출연하면서 특정 배우를 중심으로 개봉작과 추천작을 소개하는 프로그램 호스트를 맡았다. 한 계절이 지나가 오프닝 영상을 교체해야 한다기에 카메라 앞에 앉은 때였다. 몇 마디 인사와 소개말 정도를 새로 촬영하는 줄 알았는데 맞은편에 앉은 담당 작가가 물었다.

"영화과를 졸업했으니 원래는 감독이나 작가를 더 하고 싶지는 않았나요? 〈꿈의 제인〉이라는 독립영화의 각본도 쓰셨는데요."
"아, 그게…… 촬영장에서 밤을 새우는 게 너무 힘들어서요!"

방 안의 사람들이 모두 웃어주었으면 하는 마음으로 내가 먼저 크게 웃었다. 쓸 만한 숏이었는지는 모르겠지만 촬영은 이내 끝났다.
진심은 아니었다. 남들은 그다지 들을 준비가 되지 않은 사적이고 우울한 말을 꺼내 좌중에 그늘을 드리우지 않는 법으로 내가 터득한 피상적 말하기의 한 방편이었다고 해야 할까. 그날 귀갓길에 나는 스물네 살의 어느 밤으로 돌아갔다. 대학 졸업을 준비 중이었고, 두 개의 독립 장편영화에 스태프로 참여했으며, 그중 제작부 막내로 일한 한 작품은 '무료로 서울 유람선을 빌려오라'는 말도 안 되는 과제를 주었는데, 나와 내 절친한 동기 R은 갖은 읍소 끝에 그걸 정말로 해냈다. 우리는 종종 자문한다. 어디까지가 협업이고 어디까지가 착취였는지를. 영화학교의 생산성은 오직 품앗이라는 절대적 구령 아래 돌아간다. 내가 도와준 만큼 그들이 나를 도와준다는 미명은 든든하기도 하지만 그만큼의 압력도 행사한다.

학기 내내 이곳저곳의 촬영장을 돌면서 밤을 새우고 추위와 싸우다 보니 어느새 내 졸업 영화를 찍어야 할 차례였다. 〈겁쟁이들〉이라는 제목의 단편영화로 신림동 고시촌에 방화를 저지른 한 남자와 그 남자를 오랫동안 짝사랑해온 여자가 도피하려다 말고 좌절당하는 며칠을 담았다. 누적된 과로와 두려움 때문이었을까. 고대했던 첫 촬영을 앞둔 새벽에 나는 방구석에 쭈그리고 앉아서 콘티뉴이티를 마지막으로 점검하다가 그대로 졸도했다. 눈앞이 빙글거렸고 곧 죽을 것만 같은 엄청난 공포감이 밀려왔다. 몸은 차갑게 식어가는데 심장은 외려 빠르게 뛰었다. 누운 채로 다급하게 휴대폰 화면에 119를 눌렀다. 그사이에도 몇 번이나 정신을 놓쳐버릴 것 같았다.

이십대의 첫 체험 이후로 삼십대 중반이 될 때까지 나는 중요한 기로 앞에서 대여섯 번 비슷한 일을 겪곤 했다. 단 한 번 전정신경염이라는(규명의 욕구를 해소시켜주기에 만족스러운) 진단을 받기도 했지만 대부분의 의사들은 내가 가장 듣기 싫은 소견으로 일관했다. "몸에 특별한 이상은 없습니다. 정신건강의학과 상담을 권유합니다. 공황발작일 가능성이 높습니다."

그러니까 신나는 보이스오버와 형광색 자막으로 분위기를 돋우는 영화 채널에 출연해 "저는 영화를 찍고 싶었지만…… 겨우 며칠 찍는 단편영화 촬영에도 공황발작이 찾아오는 그런 사람이어서…… 참으로 나약하게도……" 어쩌고 할 수는 없는 노릇이었다.

책상에서 무언가 끄적이면서 남은 캠퍼스의 시간을 흘려보냈다. 촬영을 염두에 두지 않은 여러 편의 시나리오를 썼다. 중압감에서 벗어나 소유와 성취의 강박을 거두면 대상을 향한 내 사랑의 순도를 파악하는 기회가 찾아온다. 변방에서 그저 편지를 띄우는 정도로라도, 나는 여전히 영화가 좋았다.

극장을 나온 뒤 단 몇 시간 동안이라도 우리를 더 잘 살고 싶게 만드는 영화들에 대해 가능한 한 정확한 언어로 반응하고 싶다고 결심한 것도 그 무렵이었다.

그렇게 영화잡지를 만들고 장편영화 시나리오에 가담했다. 어떤 글들은 비평의 형태로 책으로 묶여 독자들에게 가닿았고 어떤 시나리오는 영화진흥위원회 제작

지원에 당선되어 부산국제영화제를 거쳐 극장에 걸렸다. 시간이 흐른 뒤 나의 이력을 요하는 곳에 스스로를 독립잡지 에디터, 시나리오작가로 서술해보기도 했지만 누군가에게 떳떳하게 직업이라고 말하긴 힘들었다. 어떤 일을 좋아하면서 실제로 행하고 있기도 하지만, 그 일에 따르는 제도적 명칭에 늘 괴리감을 느끼는 상태는 도대체 무얼까. 내 안에 사는 '사감 선생님'은 용기를 주기보다 수치심을 잊지 말라고 눈을 번뜩이는 존재였다.

  나는 아직도 한 사람이 어떤 직업명으로 자신을 수식하려면 일정 수준 이상의 시간을 거기에 쏟아야만 한다는 고루한 생각과 싸운다. 그런 이물감은 CGV 아트하우스 큐레이터라는(실은 도슨트에 가까운) 직함으로 일할 때 내가 시나리오를 쓴 영화를 내가 해설해야 하는 상황을 마주하면서 극에 달했다. 직접 경험한 창작의 과정을 가리고(마치 가릴 수 있다고 착각하고) 어떻게 하면 '객관적으로' 〈꿈의 제인〉을 해설할 수 있을지 고민했다. 왜 그런 기만을 스스로에게 허락했을까? 솔직하게 발화자로서 내 곤란함을 적당히 털어놔도 좋지 않았을까? 창작자와 비평가 사이에서 제자리를 찾지 못하고 덜컹거리며 머무르는 순간이 더 진실한 해설이 되지 않았을까? 도슨트 같은 평론가, 독립영화에 공동 각본으로 참여한 작가, 작은 잡지의 글 쓰는 편집자. 내가 누리는 이런 세부 사항들을 하나하나 뜯어보고 있자면 결국 어떤 역할에도 버젓이 부응하지 못하는 자격 미달의 한 사람만이 보일 뿐이었고 한동안은 마치 그런 경계를 아예 소유한 적 없는 사람인 양 굴기도 했다. 주어진 임무들의 파도에 휩쓸려버리자고 자포자기했다. 영화, 그리고 영화에 대한 글과 말만 있는 시간들을 기계적으로 보냈다. 그러자 자격에의 골몰이 자기애의 다른 낱말 같다는 진실이, 내가 누렸던 혼란의 하찮음이 썰물 뒤의 백사장처럼 훤히 드러났다. 당면한 일에 부끄럽지 않으려고 애쓰는 시간 속에서 일기장 속의 주절거림은 서서히 줄어들었다.

뒷걸음질 치다 생겨난 고마운 이력조차 스스로에게 용인하지 못했던 내게 영화기자의 일은 유일하게 시간의 포화 속에서 당당히 살아남아 나로 하여금 이것을 직업이라고 믿게 한다. 이 직업은, 소셜미디어에 힘입어 날로 원성이 자자해지는 자의식을 회피하고 유예할 수 있는 강력한 밑천을 만들어준다. 그렇다. 자의식에 관한 한 회피는 때로 장려될 만한 덕목이다. 내가 아니라 타인이 되어보도록 하고, 타인의 작품을 분석해 연결망 속에 놓이게 하는 일만으로도 공동의 삶 속에서 내 역할

이 충분할 수 있다고 일러준다. 차선이라는 불완전함은 이제 더 이상 부끄럽지도 중요하지도 않은 것이 된다.

울상으로 차선을 좇다 보니 매일 조금씩 성실해졌다. 약아빠진 어투로 말하자면, 차선으로서의 직업은 언제든 다 던져버리겠다는 호승심마저 허락해주기에 엉덩이를 일단 걸터앉게 하고 집중하게 한다. 그런 가벼움이 몇 시간씩 끈덕진 자세로 매달리도록 한 사람을 이끌기도 하는 것이다.

영화과 학생일 때 존경했던 한 교수는 영화감독이 되지 않고서도 영화 일을 하는 것에 필요한 용기에 대해 자주 말했다. 영화의 세계에서 멋진 일을 하는 사람은 다름 아닌 '자신의 자리'를 현명하게 찾아가는 이라고 말하곤 했다. 나는 그가 겁쟁이라고 생각했다. 우리의 미래를 미리 염려하고 위로하던, 나아가 자신에게도 그렇게 했던 그는 식견은 짧고 패기만 넘치는 스무 살 학생들 앞에서 엔딩크레디트에 오르는 수많은 이들 중 한 사람이 되는 일의 가치에 대해 너무 일찍 역설했던 것이다.

스무 살 때의 내 오만함이 똑바로 보지 못했던 그 교수의 진의는 다름 아닌 사랑이다. 어떤 것을 사랑한다면 우리는 기꺼이 변방으로 향할 수 있다. 그리고 그곳이 실은 중심임을 알아차린다. 그곳에 얼마나 여러 페이지가 펼쳐져 있는지, 거기에서 얼마나 몰두할 수 있는지 보라는 열띤 설득을 뒤늦게 알아차린다. 봉준호의 〈괴물〉을 보고 그와 같은 영화감독이 되고 싶었던 친구 P는 시각특수효과(VFX) 회사에서 하루가 멀다 하고 괴물, 외계인, 크리처를 만든다. 나처럼 그를 아끼는 사람조차도 가끔 방심하다 보면 엔딩크레디트에서 그의 이름을 놓치기 일쑤다. OTT 플랫폼은 아예 엔딩크레디트를 '건너뛰기' 해버리고 만다. 그럼에도 P는 내가 아는 한 영화 앞에서 가장 자긍심을 느끼는 인간 중 하나다(비록 며칠씩 밤을 새운 뒤에 내 앞에서 꾸벅꾸벅 졸기는 하지만). 단편영화를 찍을 때 '양조위 같은 인상의 배우를 캐스팅해오라'고 주문해 진지하게 절연을 고민하게 했던 또 다른 친구 S는 영화의 해외 판권을 사고 관리하는 회사의 일원이 되어서 얼마 전 양조위가 주연한 영화를 처음으로 자신이 주도해 수입했다. 그의 이름이 엔딩크레디트에 떠오를 때쯤 멀티플렉스 상영관 내부는 환히 밝아진다. 누군가는 자리를 뜨고 누군가는 끝까지 남아 있다. 나는 열심히 기다린 다음 그의 이름을 찍어서 메시지로 전송한다. "수고했다. 너는 이렇게 양조위에 한 걸음 또 가까워

졌구나."

온갖 차선을 수용하며 일하는 사람의 형상은 덕지덕지 조각을 이어 붙인 색종이 모자이크 같다. 이음매의 사방이 투박하게 찢긴 모양인 것에 집중하면 가슴 아프다. 놓쳤거나 포기해버린 조각들은 왜 이리 무자비하게 검고 커다란지. 하지만 그 모두가 휘발되는 법 없이 여기저기에 들러붙어 있음을 기억한다면, '모자이크의 나'를 위해 우리는 한 걸음 물러서줄 수 있다. 넓게 보니 형상 하나가 천천히 꾸려지고 있다. 결단코 내가 동경한 거장들의 얼굴과는 요만큼도 닮아 있지 않은. 그 각도에서 바라본 요즘의 나는 이 하나뿐인 차선의 모자이크가 제법 재미있다. 우연과 결단을 모두 허락하는 직업인의 캔버스를 앞에 두고 아마도 나는 지금 밝은 색의 조각을 들고 있는 모양이다. 이제 어떻게 하는 것이 좋을까? 천천히 공백을 메운 뒤 또 하나의 공백을 향해 잘 찢기면 된다.

계단 반대편에 선 스물한 살의 내게 지금의 내가 소리친다. 부끄러움이 어떻든, 얼마나 역부족이든 마음에 지지 않고 있다고. 아직은 좀 더 세상의 파랑을 들여다보고 싶다고.

영화의 가장자리에 서서

한 권을 만드는 여러 사람 중 하나

나는 매주 목요일마다 한 권의 책을 엮는 일에 가담 중이다.

우선 "매주 목요일". 평일 5일 중 하루를 나는 '마감일'이라고 부른다. 목요일을 제외한 나머지 나흘은 모두 목요일을 향한 애처로운 발단과 전개, 그리고 복선이다. 매주 월요일 아침에는 다음 주 아이템을 정하는 긴 기획 회의를 한다. 다가올 한 주의 안위는 모두 이날에 결정된다. 무난할지, 부담스러울지, 기대될지, 괴로울지 월요일 오후 1시쯤이면 알 수 있다.

월요일 회의 후 함께 먹는 점심이 동료들에게서 그나마 여유 있는 표정을 볼 때다. 식사가 끝나갈 무렵이면 주로 평일 오후 2시에 몰려 있는 주요 언론배급시사회에 참석해야 하는 기자나 인터뷰가 맞물린 기자들이 먼저 스르르 사라진다. 화요일에는 각자의 취재 일정에 따라 사진팀 기자들의 차에 실려 서울 이곳저곳을, 때로는 전국을 떠돈다. 수요일 저녁이 되면 각자의 일 꾸러미를 들고 다시 회의실에 모여 진전 사항을 공유한다. 금요일에는 종종 월간 회의가 있다. 주간 단위의 짧은 호흡에 구애받지 않고 더 넓은 시각으로 보도를 기획하는 과정의 일환이다. 기획하거나 회의하지 않는 모든 '사이'가 실은 본론이다. 각자에게 주어진 취재와 인터뷰, 틈새의 회의를 오가는 동안 기자들의 탄식은 어렵지 않게 한데 모인다. "그래서 대체 글은 언제 쓰지?"

K 선배는 거의 모든 마감을 화요일, 늦어도 수요일 오전에는 끝내는 것으로 유명했다. 그는 아침 5시에 기상해 늦어도 7시까지는 스타벅스로 출근한 다음 마감한다고 했다. 나는 수요일 밤까지 끙끙대다가 목요일 아침의 마술에 의지하는 쪽이다. 마감 날, 정확히 말하면 모든 것이 망하기 일보 직전인 그날에 패를 건다. 극도의 위기감과 공포가 불러내는(아마도 뇌하수체가 생존의 위기로 인식해 뿜어낼) 아드레날린을 위시한 각종 호르몬의 파도를 타고 일급의 몰입이 이뤄지는 순간이다. 하지만 누구나 그 시기와 효과가 한정적이라는 것을 깨닫는 때가 온다. 주간지 마감은 궁극적으로 재능 이전에 성실함의 문제라는 걸 인정하고 나면 겸허함의 파도가 밀려

온다. 우리는 곧잘 재능이 성실함보다 큰 단어라고 여기지만 성실함만큼 무거운 주문도 드물다. 마감 노동자를 위한 안식처는 번뜩이는 한 줄을 위해 미루고 또 미루는 회피의 시간이 아닌 차곡차곡 쌓인 평범한 문장들이 만들어내는 가능성 속에 있다. 막막하기만 한 날에도 키보드 위에 올린 손가락들이 스스로 길을 찾아간다는 것. 수백 번의 일주일들은 그렇게 손끝에 스며든 리듬이 되었다.

두 번째 중요한 사실, "한 권의 책". "매주 목요일"에 얽힌 복잡한 감흥에 비해 "한 권의 책"에 얽힌 물리적 요구는 짧고 명쾌하다. 한 주에 적게는 80쪽에서 명절 합본호라면 많게는 140쪽. 그 안에 내가 책임져야 할 페이지가 있다. 200자 원고지 7매 안에 신인 배우의 고귀한 소망을 지나친 생략이나 대상화 없이 소개해야 하는 '후아유' 코너가 압축의 기술을 요한다면, 40매 안팎을 오가는 통글을 써야 하는 기획기사 feature에서는 영화를 보면서 끄적인 메모와 조사한 자료들을 열 번씩 들여다봐도 도통 재료가 부족하다는 생각이 든다. 적어서 힘들든 많아서 힘들든 간에 분량을 맞추라는 주문은 이 일의 가장 기본적인 요구 중 하나다. 간단해 보이지만 일을 하면 할수록 심오한 요건이다.

세 번째, "가담"하고 있다는 것. 내 모니터에서 서성거리던 글들이 정갈히 배열되어 전혀 다른 형태로 그럴듯하게 찍혀 나오는 마술이 매주 벌어진다. 보면 볼수록 나보다는 타인의 공력에 크게 의지하는 일이다. 기자들이 각자의 원고 대장 수정까지 마친 목요일 저녁 시간에도 만세를 부르지 못하는 이유가 여기에 있다. 발등의 불을 끄고 나서야 나는 두리번거린다. 내 원고를 기다리느라 자신의 저녁과 밤, 나아가 새벽까지 반납한 교열-편집-디자인 전문가들의 근심 어린 얼굴을. 기자들이 한시름 덜 때쯤 건너편에 앉은 이들의 업무는 과중된다. 이 영역은 내가 서술할 처지도 못 된다. 목요일 밤에 그들의 책상이 놓인 복도를 지나갈 때면 내 몸은 알아서 공손한 자세를 취한다. 잡다한 글의 향연인 잡지 속에 놓인 기자 한 사람의 글은 길든 짧든 언제나 여러 사람에 빚진다.

대안 미디어, 크리에이터, 블로거 등 1인 중심 매체의 부상 속에서, 1995년에 처음 생겨난 종이 잡지의 일원이라는 사실은 내가 보존해야 할 유산과 고쳐 쓸 목록을 고민하게 한다. 신뢰받는 레거시미디어의 빛과 그림자는 양면 모두 짙고 쨍하다. 그렇다, 나는 오래된 유산 속에 있다. 귀퉁이 어딘가는 무너져 내리고 또 귀퉁이 어느 쪽은 매일 새로이 생겨나고 있는 이곳에서 보고 쓴다. 어디까지나 여러 사람 중의 한 명으로서.

영화를 보는 일은 엔딩크레디트에 익숙해지는 일이기도 하다. 주연은 아니지만 주인인 사람들을 위한 흑백의 이미지인 엔딩크레디트는 무언가의 완성에 예상보다도 많은 사람이 가담했다는 사실을 전하려고 보존된 시간이다. 영화잡지에도 그런 페이지가 있다. 감독과 배우, 영화와 산업의 풍경이 주연인 잡지 앞쪽에 깨알같이 적힌 인명의 목록이다. 목요일 새벽, 인쇄소에 전송된 100쪽 안팎의 페이지에 가담한 관점과 손길은 어디까지나 잡지의 뒤편에 보이지 않게 스며 있어도 좋다고 생각한 여러 사람들의 것이다. 나 따위가 한없이 싫고 하찮아서 몸서리쳐지는 날에도 '그들 사이의 나'는 건재하게 다음 마감으로 향한다.

누가 당신을 필요로 할까요?

"스튜디오가 인플루언서들의 극찬을 수집할 수 있다면 누가 영화평론가를 필요로 할까요?" 2023년 8월 《가디언》에는 이런 제목을 단 기사가 실렸다. 문제의 영화는 마텔 사가 제작한 그레타 거윅 감독의 〈바비〉였다. 주로 SNS 인플루언서들을 대상으로 열린 런던 '언론' 시사회에 영화평론가라는 소수의 정체성으로 참석한 마누엘라 라직은 북미 개봉 이틀 전에야 해제될 엠바고와 "긍정적인 느낌을 공유해달라"는 안내원의 말을 곱씹으면서 기사를 시작한다. 〈바비〉의 초기 입소문에 긍정적인 영향력을 줄 것으로 보이는 선별된 인플루언서들과, 스튜디오 홍보팀이 저널리즘을 대신해 기획한 출연진의 독점 인터뷰로 개봉 전의 굵직한 프로모션이 마무리되었다. 라직은 말한다. "개봉을 앞둔 영화는 오직 장밋빛 안경을 통해서만 보여야 했다."

국내의 사정도 별반 다르지 않다. 기자와 평론가를 위해 여는 사전 시사회가 여전히 엄연한 관례임에도, 정작 산업이 필요로 하는 것은 이들의 솔직한 평가가 아니라 심혈을 기울인 카피라이팅과 다듬어진 찬사다. 스튜디오의 목적은 호의적이지 않은 평가와 스포일러를 통제하는 것이다.

취재처인 담당사와의 오랜 관계 속에 있다 보면 이런 상황에 대한 직업적 문제의식이 흐릿해지는 찰나를 마주한다. 상대의 일을 이해하게 되기 때문이다. 취재를 하면 할수록, 영화 한 편의 제작 과정에 바쳐진 누군가의 인생을 알면 알수록 평가는 종전보다 미세하게 한 뼘 더 호의적인 색채를 띤다. 수백 명이 몇 개월, 길게는 수년간 밤낮으로 일군 작업에 대해 책상에 앉은 내가 너무 차갑게 재단해서는 안 된다는 결론이 제법 타당하게 느껴지는 순간이 온다.

한 주에 적게는 10여 편 내외, 많게는 20편에 이르는 개봉 신작들 중에서 극소수의 영화만이 일반 관객의 입에 오르내린다. 여기 포함되지 않은 영화들을 많이 보면 볼수록 무의식적으로 상대평가 기준이 작동해 '그만하면 괜찮은' 영화라고 후해지는 경향도 있다. 스트리밍 서비스와 유튜브 숏츠, 틱톡 비디오를 향해 관객이 눈을 돌리는 시점에서 극장 영화를 독려하고 싶은 심리도 부정할 수 없다. 어쩌면 나는 직업적 포용력과 지구력을 얻는 대신 자기 감식안의 모서리를 업계의 비바람 속에 노출시켜 시시각각 풍화되고 있는 중인지도 모른다. 가끔은 내가 쓴 글이 산업, 저널리즘, 비평장의 벤다이어그램을 떠돌다가 심연에 빠진 결과물이 될까 봐 두렵다.

'영원한 반대자'로 수식되는 《뉴요커》의 평론가 폴린 케일은 클린트 이스트우드, 스탠리 큐브릭, 우디 앨런 등 당대에 마주한 미국 감독들의 영화를 낱낱이 혹평하기로 명성이 자자했다. 동시에 그는 영화 〈우리에게 내일은 없다〉를 무관심의 구렁텅이 속에서 건져내 할리우드가 그 명성을 '뉴 아메리칸 시네마'의 이름으로 재검토하도록 이끌었고, 젊은 폴 슈레이더 감독이 영화를 공부하고 비평과 연출을 겸하게 이끈 장본인이다. 《카이에 뒤 시네마》에서 출발한 누벨바그 비평가와 감독들이 자국 영화의 정형성을 맹비난하는 동시에(〈400번의 구타〉의 혁신은 프랑수아 트뤼포가 《카이에 뒤 시네마》에 「프랑스 영화의 어떤 경향」이라는 글을 쓴 뒤에 탄생할 수 있었다) 할리우드가 간과한 알프레드 히치콕, 니컬러스 레이 등이 만든 장르영화의 진가를 발명한 사실은 너무도 유명하다. 관객

뿐 아니라 창작자들에게 스승으로서 직접적인 영향력을 끼친 일본의 불문학자 겸 문예평론가 하스미 시게히코도 상징적이다. 21세기 일본 영화는 한국보다 먼저 영화산업의 붕괴를 겪었지만, 그 반대급부로 '미니시어터'와 자주영화가 날렵함과 활력을 갖추게 됐다. 하마구치 류스케, 미야케 쇼, 하야카와 치에 등 일본 밖에서도 두각을 드러내기 시작한 밀레니얼 감독들의 존재감은 창작자들이 산업의 '위기 담론' 바깥에서 비평과 따로 또 같이 공생하면서 예각을 모색한 결과라 할 만하다.

비평가적 집중력, 그리고 날카로움은 동시대 영화제의 만성화에 제동을 거는 데에도 쓰인다. 《카이에 뒤 시네마》의 샤를로트 가슨은 2024년 칸영화제에서 비경쟁 부문인 프리미어 섹션에 상영된 알랭 기로디의 영화 〈미세리코르디아〉를 보고 나온 뒤 극찬하는 리뷰를 썼다. 글의 첫머리에서 가슨은 〈미세리코르디아〉 같은 작품이 영화제의 중심에 놓이지 않는 상황을 이렇게 냉소했다. "칸. 경쟁부문을 노리는 영화 두 편 중 한 편에서 크루아제트 대로(칸의 가장 상징적인 거리)를 거니는 '인사이더'들을 위한 글래머러스한 쓰레기와 눈짓을 마주할 수 있는 곳." 한마디로 작품의 규모나 무게감 같은 무형의 제도적 당위를 고려해 영화제 대표 섹션을 꾸리는 논리가 알랭 기로디 같은 작가를 배제하고 상영작의 질적 수준을 떨어트리고 있다는 이야기다. 속이 시원하면서도 '쓰레기'라는 단어에 움찔하게 된다. 확실한 것은 앞서 언급한 모든 이름이 최신 개봉작이나 시장의 역학에 얽매이지 않았으며, 그랬기에 마케팅의 위력 속에서 주문되는 찬사의 덫에 걸리지도 않았다는 것이다.

주류문화의 흐름이 내포한 안이함을 지적하고 다음 세대의 진보에 기여하기 위해 많은 평론가가 지금도 곳곳에서 모서리를 만들고 있다. 문제는 내가 속한 저널리즘이 모든 측면에서 변화해버렸다는 뼈아픈 현실이다.

과거에는 《씨네21》이 지지하는 영화는 (기자, 평론가가 높은 점수를 주는 영화가 오락성을 담보하지는 않기에) 흥행을 하지 못한다는 속설이라도 있었지만, 요즘은 그런 자조적 명성조차 누리기 힘들어졌다. 한 매체가 특정 영화를 성공시키거나 망칠 수 있다는 명제는 이제 불가능한 것으로 판명 났다. 한때 공신력 있는 매체가 수행하던 절대적인 큐레이션의 기능을 포털사이트가 관객이 스스로 매기는 별점 및 단평 시스템으로 이어받은 시기도 있었는데, 온라인 별점이 '테러'냐 아니냐 하는 수준의 현상을 낳고 나아가 댓글 부대가 동원된 바이럴 논란이 떠오르면서 물거품이 됐다. 동시대 대중문화의 주요 문제는 모든 것이 너무 부족적으로 바뀌었다는 점에 있기도 하다. 누군가에게는 영화가 채 1분도 되지 않는 길이의 숏츠나 밈을 통해 평가받는 체계가 공고해지고, 또 다른 누군가의 알고리즘은 완전히 다른 관심사를 제공하는 세상에서 영화 리뷰를 쓰는 주간지 기자는 어디에 있는 것일까.

브래드 버드 감독은 자신의 영화 〈라따뚜이〉에서 비평가를 향한 선입견으로 똘똘 뭉친 캐릭터인 안톤 이고(이름에서도 자의식ego이 넘쳐흐른다)를 통해 창작자로서 본인의 소망이 반영된 진술을 남긴 바 있다. "하지만 우리 비평가들이 직면해야 하는 쓸쓸한 진실은, 거대한 흐름에서 보면 평균적인 쓰레기 한 조각이 아마도 그것을 그렇게 규정하는 우리의 비평보다 더 의미 있다는 점이다." 이렇게나 단정적으로 비평가의 '쓸쓸한 진실'을 규정해선 안 될 것 같다. 그럼에도 나는 〈라따뚜이〉의 이 대사를 사랑한다. 안톤 이고가 왜 이런 말을 하고야 마는지를 생각한다면 더더욱. 영화의 클라이맥스에서 그는 쥐 요리사 레미가 만든 라따뚜이를 먹고 깊은 감동을 받은 뒤 메타비평을 겸한 리뷰를 남긴 것이다. 앞의 대사는 사실 더 긴 연설의 일부로, "비평가는 거의 위험을 감수하지 않으면서도, 자신들의 작품과 자아를 우리의 판단에 맡기는 관객들보다 우위에 선 위치를 누린다"라는 성찰도 뒤따른다.

핵심은 영화를 향한 논평이 아마도 그 영화 자체만큼 중요하지는 않을 수 있다는 자기 인식, 동시에 여전히 관객들의 판단에 관여하고 있다는 사명감이다. 내 글은 아름답고 의미 있게 쓰일 수도 있고 내내 하소연한 대로 마케팅의 자장 아래 영향을 받을 수도 있지만 어찌됐든 작품 자체보다는 덜 중요하다. 그리고 여전히 나보다 늦게 영화를 접할 누군가에게 읽혀 어떤 영화를 볼지, 그것을 어떻게 읽어낼지 사유하는 과정의 재료가 된다. 성실한 인터뷰와 분석은 다음 행로를 개척 중인 창작자에게 드문 지지와 영감이 되기도 한다.

수없이 침범하는 이해관계와 위용을 뽐내는 전설적인 평론가들의 아우라에 비해 한없는 초라함에 시달림에도 불구하고 나의 일은 이어진다. 나는 간혹 영화기자의 중요한 자질이(직능과 윤리에 결부된 기자로서의 당연한 덕목들은 제외하고) 지치지 않는 지구력은 아닌가 자문한다. 보는 사람은 물론 쓰는 사람들 사이에서도 언제나 애매한 중간자인 자신의 양태를 '중재자'로 바꾸어 견디는 줄타기의 지구력 말이다. 경계 위에 선 사람의 '이도

저도 아님' 속에서 나는 균형과 평정심을 고민한다. 속세와 구도자들의 디전을 들락날락하는 영성 수행지들은 스스로를 안테바신antevasin이라고 부른다고 한다. 산스크리스트어로 '경계에 사는 자'를 뜻하는 말이다. 안테바신은 모든 경계 앞에서 흔들리며 방황한다. 창작의 너머에서, 비평의 곁에서, 관객의 품 앞에서 나는 불완전하다. 저널리즘의 영토가 줄어드는 시대에 쓰임을 정의하기 힘든 순간도 더러 마주한다. 그런데도 이 사이를 들락거리려고 어떤 날은 사랑하는 활자를 떠나 카메라를 들거나 마이크 앞에 서기도 한다. 기자이자 에세이스트, 평론가, 콘텐츠 생산자가 된다. 스스로 정의할 새 없이 부과되는 수행에 나의 페르소나는 위협받지만 영화와 관객 사이의 중재자라는 사실만큼은 변함없다.

영화, 다른 방식으로 보기

　미슐랭 3스타 레스토랑에 입장해 혼자 테이블 하나를 차지하고 눈앞에 놓인 한 접시를 천천히 음미하는 음식평론가를 상상해보자. 적당히 어울리는 몇 가지 형용사는 아마도 이러할 것이다. 엄격함, 조심스러움, 까탈스러움, 우아함, 산해진미를 앞에 두고도 손톱만큼만 맛보는 금욕적인 몸짓 등등. 그에 비하면 대상을 응시하는 영화평론가의 외관은 묘사하기에 단조롭기 짝이 없다. 어둠 속 좌석에 가만히 앉은 자세, 집중하고 있지만 보기에 따라 졸려 보일 수도 있는 표정. 그나마 좀 더 열정을 보태자면 얼굴에 스치는 카타르시스의 빛을 공들여 표현해볼 수도 있겠다. 보기라는 행위에 내재된 사유의 역동성과는 별개로 표층에서 관찰되는 물리적 양태가 잠잠한 것은 어쩔 수 없는 사실이다. 이것에 반항하는 입장에서, 영화기자가 영화를 접하는 경로와 감상법에 대한 묘사의 여지를 늘려보기로 한다.

메모하면서 보기

어떤 노트를 들고 가든 선을 그어 사분면을 만든다. 왼쪽에서 오른쪽, 위에서 아래 순서로 네 개 면을 의식하면서 메모하기 위해서다. 어둠 속에서 글자를 휘갈길 때 사면으로 나눈 구획을 의식하면, 계속 같은 자리에 글을 쓴 나머지 나중에는 아무것도 알아보지 못하는 불상사가 줄어든다. 아무것도 못 알아볼지 모른다는 불안 때문에 서너 줄밖에 안 썼는데도 자꾸만 다음 페이지로 넘어가는 일도 막을 수 있다. 아끼는 노트를 엉망진창으로 일주일 만에 다 써버리는 비극을 피하기 위해 고안한 자구책이다.

역부족인 기억에 의지하면서 보기

정확히 위의 방식대로 열심히 쓴다. 그러나 영화가 끝나고 극장 불이 켜지면 펜의 잉크가 다 떨어져 어떤 글씨도 남지 않았다는 사실을 뒤늦게 깨닫는다. 이런 사고는 하필 러닝타임이 세 시간이 넘는 긴 영화일 때 자주 일어난다는 징크스도 떠돈다. 김혜리 기자는 한때 펜 자국 위에 연필을 문지르는 프로타주 기법을 동원해 불상사를 극복해보려고 했다는 전설적인 일화를 남긴 바 있지만, 따라해보지는 않았다. 특기할 만한 지점은 간혹 아무런 메모도 남지 않은 영화에 관한 글이 더 수월하게 써질 때가 있다는 것이다. 때로는 몸이 기억하는 영화가 더 정확하다. 그래서 나는 가끔씩 일부러 아무것도 적지 않으면서 본다.

시사회에서 보기

"영화를 공짜로 보세요?" 영화기자가 직업이라고 하면 지금껏 만나본 스크린 스타 중 누가 가장 멋있느냐는 질문과 함께 자주 나오는 화제. 티켓값이 물가상승의 주요 지표로 거론되는 요즘은 더더욱 조심스러운 어투로 그렇다고 대답할 수밖에 없다. 명절 연휴 기간을 제외하고 1년 내내 매주 용산, 잠실 등지에서 개봉작들의 시사회가 '언론배급시사회'라는 이름으로 열린다. 언론사와 배급사 관계자들을 위해 마련된 자리로, 기자들은 주로 사전에 전달받은 보도자료를 통해 소식을 확인하고 참석 여부를 전달한다. 《씨네21》에서는 주로 막내 기자들이 다음 한 주의 시사회 일정을 정리해 매체 소속 기자, 평론가들에게 전송하는 일을 도맡고 있다. 신입 기자 시절에 나는 주로 목요일 마감을 마치고 늦은 밤 헐레벌떡 그 작업을 하곤 했는데, 메일 전송 시간이 목요일 자정을 넘겼는지 안 넘겼는지에 따라 마감의 고됨을 판가름하는 수신자들이 더러 위로의 답장을 보내주기도 했다.

스크리너로 보기

개봉 전까지 반드시 관람이 필요한 상황에서 시사회를 놓쳤다면 수입 배급사가 제공하는 파일, 즉 비메오 Vimeo 링크를 통해 스크리너로 영화를 봐야 한다. 영화제 취재를 준비할 때면 스크리너 관람이 더더욱 필수적이다. 화면 한가운데, 또는 (운이 좋다면) 모서리 쪽에 크게 새겨진 저작권 표기는 일반 관객들보다 영화를 훨씬 일찍 본다는 특권을 겸손하게 되새기게 하는 인장과도 같다. 제작사, 수입 배급사의 이름뿐 아니라 스크리너 수신자의 이름을 크게 기재해두는 경우도 있다. 화면 전체를 뒤덮는 흰색 글씨로 내 이름을 새겨둔 스크리너를 받을 때는 조금 울고 싶어진다. 결정적인 장면에서 클로즈업된 배우의 이목구비를 "김소미 기자"가 가려버리는 잔인함이란! 그럼에도 불구하고 어떤 감동은 상영 조건의 제약을 뚫고서 도착한다. 미야케 쇼 감독과의 인터뷰를 앞두고 〈너의 새는 노래할 수 있어〉를 스크리너로 처음 접했을 때가 기억난다. 소도시 하코다테를 떠도는 세 청춘의 부유를 그리는 이 영화에서 주인공 '나'는 동료 사치코를 사랑하면서도 책임져야 할 관계를 맺을 용기는 없어 내내 주춤거리는 존재다. 어느 여름밤의 초입에 사치코는 그런 '나'의 팔뚝 안쪽을 세게 꼬집고 지나간다. 두 사람이 서 있는 풀숲에서 돌연 벌어진 일인 데다 어떤 전조나 예고도 없이 슬쩍 지나가버릴 뿐이어서 나는 사치코의 작은 손짓을 스크리너에 새겨진 글자 때문에 제대로 알아차릴 수 없었다. 그러나 주인공 '나'에게 그러했듯 설명할 수 없는 여진이 모니터 너머로 전달되었고, 나는 둘 사이에 진짜 전류가 통하기라도 한 것인지 궁금해하면서 몇 번이나 그 장면을 돌려봤다. 며칠 뒤 마침내 커다란 극장에서 두 인물이 몸과 몸으로 서로를 깨우는 귀여운 찰나를 목도하고는 누군가의 비밀을 뒤늦게 알아차린 것 같은 기분이 되었다.

휴대폰 비닐에 넣고 보기

각별한 보안을 요구하는 시사회의 경우, 과거에는 기자들의 휴대폰 카메라에 스티커를 붙여주곤 했다. 요즘은 대부분 휴대폰을 감싸는 비닐 팩을 제공한다. 비닐 표면을 두드려가며 급한 메일이나 메시지 업무를 간신히 처리할 수 있는 정도로 반투명하다. 상영 내내 극장 여기저기서 누군가의 비닐이 부스럭거리는 소리가 끊이질 않는다는 점에서, 보안상의 이유 외에는 하등 이로울 것이 없는 방편이다. 혹 같은 상영관에 영화감독이 잠복하고 있다면 섬세한 음향효과에 공들인 날들을 곱씹으며 속이 탈지도 모르겠다.

하루 종일 보기

〈오징어 게임〉 시즌 1의 이례적인 글로벌 흥행 이후 시즌 2 마케팅에 총력을 기울인 넷플릭스는 작품 공개 전 한정된 프레스만을 초청해 전편을 모두 시사하는 대담한 이벤트를 벌였다. 아침 10시부터 저녁 7시까지 모든 회차를 이어서 보는 것이다. 상영 중간중간 휴식과 식사 시간이 주어졌다. 헝가리 거장 벨라 타르의 438분짜리 영화 〈사탄탱고〉를 극장에서 볼 기회를 소망해본 적은 있었지만, 그보다 앞서 나를 최장 시간 극장에 붙든 단일 작품이 〈오징어 게임〉이 되리라고는 예상하지 못했다. 장시간의 집중적인 자극 탓이었을까. 그날 밤 나는 첫 번째 게임 '무궁화 꽃이 피었습니다'에서 대차게 넘어져 총살당하는 꿈을 꿔야만 했다.

창작자처럼 보기

기자의 영화 보기로서 가장 불손한 태도를 꼽으라면 '게으르게 보기'가 아니라 '창작자처럼 보기'라고 하고 싶다. 어떤 영화는 내가 감독이었다면 택했을 차선을 생각하고 싶게 만든다. 나라면 이런 음악을 쓰지는 않았을 텐데, 컷을 여기서 잘랐을 텐데, 좀 더 절제했을 텐데, 다른 결말로 나아갔을 텐데. 그 밖의 많은 가능성들……! 독자들이 결코 궁금해할 리 없고 비판 앞에 유연한 창작자라고 해도 적잖이 오만하게 여길 법한 생각들을, 고백하자면 나는 가끔 한다. 변명하자면 기어코 그런 욕망을 발현시키는 영화들이 있어서다. 이런 영화들을 꽤 좋아한다고 할 수도 있다. 나의 감각 체계에 스며드는 영화들, 동류의 영화들, 기꺼이 애호의 카테고리에 넣고 싶은 영화들, 그러면서도 감히 건드릴 수 없다고 여겨질 만큼 권위적인 걸작은 아닌 영화들 앞에서 이런 욕망이 발동하곤 한다. 글감이 되긴 힘들고 수다거리도 못 되어서 언젠가 막역한 상대와 나누어야겠다고 생각을 재워두지만, 막상 때가 되면 대체로 잊어버린 이후다.

졸다가 깨서 보기

영화제 스케줄을 소화하다 보면 어쩔 수 없이 졸음

이 쏟아질 때가 있다. 일부를 흐릿하게 놓치고 나면 관람을 망쳤다고 단정하지 않고 조금 뻔뻔한 자세로 다시 응시하려 애쓴다. 영화는 자신을 배신하고 눈을 감아버리는 '하급' 관객에게도 남아 있는 장면의 인식과 감각을 내어주는 유기체다. 영화라는 종種은 보는 이의 망막 속에 침투해 스스로 공백을 메우고 잘린 곳끼리 접붙어 재생한다. 깨어 있음과 잠듦 사이를 오가며 완성된 영화는 불완전한 형태이기에 더 선명한 기억으로 각인되기도 한다. 무엇보다 '졸다가 깨서 보기'라는 이 실패적 경험은 같은 영화를 두 번 봐야 할 이유에 대해 혹시 삶의 시간을 낭비하는 것은 아닌지 반문할 여지를 제거해준다.

명상적 보기

안드레이 타르콥스키 영화를 보면서 꼭 잠들 필요는 없다. 잠들지 않고도 지루한 영화에서 이탈하는 방법은 많기 때문이다. 이 보기 방식은 자맥질하는 운동과 비슷하다. 서사와 이미지, 그 너머에서 재생되는 자기 내면의 경계를 우리는 한없이 넘나들 수 있다. 꿈을 꾸는 것과 비슷하지만 결코 잠든 상태는 아니다. 어떤 영화는 내적 명상으로서의 보기를 허락하고, 그것이 반드시 오독으로 이어지지는 않는다면서 끝내 품을 열어준다. 객석은 언제나 구속보다는 자유를 위한 공간이다.

영화 유랑 예찬

낯선 타인과 새롭게 사귀어갈 욕구가 좀처럼 부족한 나 같은 부류의 인간에게도 영화제는 친구를 마련해준다. 영화 페스티벌의 마술은 관객과 관계자들을 잠시나마 한통속으로 만든다. 수킬로미터 반경 내에서 우리는 얼마간 같은 이방인이다. 찍고 찍히는, 보고 보이는 역학은 변함없지만, 잠시 후 맛집에서 너나없이 줄을 서고 있다거나 광활한 영화의전당 어딘가에서 길을 잃어버린다는 점에서 비슷한 처지다. 모두가 특정 구역 내에 밀도 있게 존재한다는 사실도 제법 마음에 든다. 그런 곳에서 우리는 인연을 얻기도 잃기도 하는데 어느 쪽이든 잊기는 어렵다.

영화제 기간에 주요 극장과 행사장 앞에 비치된 진열대에는 《씨네21》과 《버라이어티》 같은 잡지의 데일리, 타 매체의 영화제 특별판, 프로그램 북과 각종 전단이

나란히 놓인다. 그중 데일리는 영화제의 풍경을 매일 빠짐없이 기록한다는 점에서 기자에겐 취재의 묘미를, 매체적으로는 아카이빙의 의미를 북돋는다. 관객에게는 상영 시간표의 혼돈 속에서 하나의 정돈된 길잡이가 되어줄 수 있다. 이처럼 공인된 효용이야 몇 가지 더 있겠지만, 무엇보다 데일리가 '축제 기간 중'임을 알리는 하나의 상징적인 무대장치라는 점이 나를 매료시킨다. 매일 아침 어김없이 책은 교체되고 표지에 크게 박힌 개최 일수를 알리는 날짜가 하나씩 갱신된다. 범상히 흘러가던 시간이 갑자기 어마어마한 밀도를 띠기 시작한다. 데일리의 두께가 줄어들고 소식지 진열대가 비기 시작한다는 것은 다시 일상으로 돌아가야 함을 알리는 우울한 사인이다.

처음 기자로 영화제를 찾았을 때부터 출장과 여행이 중첩된 이 시간들을 은근히 좋아하게 될 것 같다고 예감했다. 지속되던 일상을 뚝 끊어내고 타지에서 몰아치는 일들을 해치우고 돌아오면, 늘어난 지방만큼 묘한 고통과 희열이 몸속에 각인됐다. 물론 지난 일들의 잠정적 평가란 사태가 끝난 후련함 속에서 이루어지기에 언제나 많은 오류를 담보한다. 내 기억도 마찬가지일 것이다.

　우선 봄의 도래를 알리는 전주국제영화제에 대한 노스탤지어가 한 사례가 될 수 있을 것 같다. 영화의 거리에 위치한(지금은 무너진) 어느 폐건물에 한동안 《씨네21》 데일리 사무실이 차려졌다. 그곳에선 소리 소문 없이 많은 일이 일어났는데, 특히 철거되기 직전 해의 경험은 강렬했다. 영화제 기간 중 임시로 사용할 와이파이를 급하게 작업하러 온 설치 기사가 우리 눈앞에서 외마디 비명과 함께 창문 아래로 떨어졌고(다행히 그는 한 층 아래 테라스로 착지했다), 생사 확인차 그와 대화하게 된 나는 그가 엄청난 시네필이라는 사실을 알게 되었으며, 어쩐지 보답하고 싶은 마음에 어렵게 구한 인기 상영작 티켓 하나를 양도했다. 낮에는 그나마 활동가들이 있어 북적였던 공간이 늦은 밤 '귀신의 집'으로 돌변하는 것에 충격받은 신입 객원기자는 서둘러 마감하겠으니 걱정하지 말라는 전언과 함께 숙소로 줄행랑쳤다. 음산한 건물에 유일하게 불 켜진 창문 하나는 《씨네21》 데일리 사무실 것이었다. 화장실이라도 갈라치면 나는 영화 〈고스트 스토리〉 속 유령이 계단참 어딘가에서 우리를 지켜보고 있는 듯한 기분에 사로잡혔다. 그를 위해 벽면의 균열을 찾아 쪽지라도 넣어두어야 할까? 영화

귀신님, 이곳은 곧 무너집니다. 당신도 옮겨 가세요.

가을의 신호인 부산국제영화제가 열리면 사방이 거울로 둘러싸인 분장실에서 데일리 마감을 하곤 했다. 영화의전당 하늘연극장 2층 '거울 방'에 열흘쯤 있다 보면 스크린과 현실의 경계 면 어딘가에 갇혀버렸다는 착각에 빠진다. 어디서든 나를 쳐다보는 나, 그리고 나를 둘러싼 초췌한 얼굴의 기자들. 영화 〈블랙 스완〉의 히스테리를 대리 체험하게 하는 풍경이지만, 그럼에도 모든 구성원의 딴짓하는 시간을 극적으로 줄여준다는 점에서 거울은 분명 획기적인 마감 독려품이다.

이런 잡다한 기억들, 사람들이 그다지 궁금해하지 않을 소동과 노고들, 그렇지만 이 조그마한 세계 안에서는 계속되길 바랐던 사소함들이 코로나19를 기점으로 추억거리가 되었다. 많은 데일리가 온라인으로 대체되었고 현지 출장을 가더라도 일정은 짧아졌다. 예산과 접촉이 모두 줄어든 2~3년간의 '뉴노멀'은 종이 데일리의 필요에 의심을 불러일으켰다. 그곳이 어느 영화제든 데일리 사무실에 앉아 있으면 먼 북소리처럼 야외 상영과 레드카펫 행사 소음이 들려오곤 했는데 팬데믹의 여파가 지면 데일리의 존재를 창문 너머의 무용담처럼 만드는 듯했다. 다행히 영화제를 찾은 관객의 전리품이 되어

줄 데일리를 복원하려는 움직임이 이어졌고 2024년 부산국제영화제부터 종이 데일리가 부활했다. 데일리팀에 배정되지 않은 것이 아쉬울 정도였다. 대신 우연히 마주칠 '영화의 친구'들에게 나누어줄 심산으로 가방 두둑이 데일리를 챙겨 넣고 극장으로 향하는 호사를 누렸다. 어깨와 달리 발은 한참 가벼웠다.

영화제가 끝나갈 때 즈음이면 살 오른 동료들의 모습과 마주하게 된다. 저마다 몸이나 마음이 두툼해져 기차역에 몰린 사람들을 본다. 하루 종일 본 영화, 밤마다 이어지는 음주나 야식의 결과물이다.

우리는 영화제의 자발적 참여자, 노동자, 관객이면서 영화제를 빌려 자신의 베스트를 갱신해나가는 데 중독된 취미의 소유자들이다. 영화제는 높은 확률로 그해 최고의 영화, 최고의 음식, 최고의 만남 같은 것들에 굵직한 선택지를 제공한다. 그곳에 머무르는 한 우리가 알고리즘의 지배를 받으며 획일화된 취향 속에 살고 있다는 볼멘소리는 잠시 미루어둘 수 있다. 외로움과 혼자 있음에 지쳐갈 때쯤 다시 열린 영화제와 거리에 뒹구는 종이 잡지는 좋은 여행이 그렇듯 일직선의 일상에 구불거리는 표류의 기쁨을 베푼다. 나를 성마르게 하거나 살찌게 하는 것, 나를 깨어 있게 하거나 잠들게 하는 것들을 이토록 명민하게 알려주는 장소에서 나는 종이 잡지를 옆구리에 지도처럼 끼고 유랑한다. 영화를 따라다니기 바쁜 이곳에서도 읽을거리를 만들거나 찾아보는 사람들이 있고 어느 쪽이든 우리는 결국 다시 만나게 된다.

인터뷰어가 계단을 오를 때

 좋은 인터뷰를 하고 나면 몸과 마음이 가벼워진다. 과업을 무사히 마친 안도감이나 해냈다는 성취감만으로 응집되지 않는 어떤 가뿐함을 누리게 된다. 이 느낌은 드물게 오래 지속되기도 하지만 대개는 일상의 파도에 휩쓸려 천천히 희미해진다. 지속 시간이 어떻든 인터뷰로 직업 생활의 많은 시간을 살아가야 하는 이로서는 고마운 일이다. 좋은 대화를 하고 난 이후에 찾아오는 이런 감정의 밑바탕에는 감사함이 깔려 있다. 인터뷰라는 밀도 높은 대화의 장르가 허락하는 마술이라 할 만하다. 여기서 전능한 손길에 의해 감쪽같이 사라지는 존재는 비둘기나 내 앞의 상대가 아니라, 바로 나 자신이다. 나라는 존재 곳곳에 눅진하고 끈덕지게 붙어 있던 자아가 겸허히 풀어헤쳐지는 일시적 체험이랄까.
 그동안 열렬히 추종해온 사람이건 취향의 여백을 자

극하는 의외의 인물이건 상대를 성실히 공부하는 것이 질문하는 사람의 첫 번째 미덕일 테다. 실질적으로 가장 수고스러운 단계이며 짝사랑과도 같은 이 과정은 일방의 몫이기에 비교적 안온한 영역이기도 하다. 반면 실전은 통제 너머의 것이다.

인터뷰를 시작할 때면 나는 하나의 계단을 상상한다. 낯선 이의 내면으로 이어지는 그 계단을 오르는 일은 설렘과 두려움을 동반한다. 처음 만난 상대와 지그시 눈을 맞추고 능숙하게 사교하는 일이 서툰 내향인에게 이 계단은 언제나 실체 이상으로 높고 아득해 보인다.

계단을 오르면서 나는 소망한다. 그가 내게 보여주려고 애쓰거나 연출하려는 것도 그 자체로 받아들이고, 혹시 그 너머에서 운 좋게 엿볼 수 있는 것이 있다면 역시 포착해보고 싶다고. 규정하고 해석하려는 성급함을 다독인다. 계단 맨 끝에 선 문을 열고 들어가면 그곳은 오직 상대를 위한 장소다. 문을 열기 전 잠시 밖에 신발을 벗어두는 상상을 해보면 어떨까? 고르고 고른, 반드시 소화하지 않으면 안 될 것 같은 질문을 포기하거나 빼곡히 준비한 질문지를 아예 덮어버려도 좋다. 이것은 상대에게 그를 분석한 날카로운 탐구서를 내밀기보다 우선 순순히 그의 거울이 되어보겠다는 약속이다. 운이 좋다면 상대가 혼자서는 잘 들여다보지 않는 곳을 비추는 수고스러운 각도에 놓인 거울이 될 수도 있다.

내로라하는 할리우드 배우들은 한 번쯤 거쳐 가는 배우들을 위한 토크쇼 〈인사이드 더 액터스 스튜디오〉를 진행했던 제임스 립턴은 "내 일은 배우가 온전하게 나타날 수 있도록 완전히 사라지는 것"이라는 신념을 자주 밝혔다. 립턴이 자신의 임무를 자아의 소거로 보았다면, 토크쇼의 전설 래리 킹은 죽기 전 《CNN》 인터뷰에서 자신의 유일한 인터뷰 기술로 '잘 듣기'를 소개했다. "인터뷰어들은 늘 다음 질문에 대해 생각하고 있다. 하지만 정말로 듣는다면, 그 순간에 있다면, 사람들은 가면을 벗어던질 것이다." 기자이자 다큐멘터리스트로 이란-이스라엘 전쟁과 가자지구의 참상에 대해 현재도 열렬히 보도 중인 루이스 테루는 《가디언》을 통해 좀 더 겸손한 어조로 역시 비슷한 말을 남긴 바 있다. "나는 한결같이 정중하게 관심을 보이려고 노력한다. 정말로 필요한 것은 그것뿐이다."

좋은 질문은 마중물과 같아서, 답변자가 스스로 진실한 생각의 물길을 따라가고 있다면 질문에 부합하는 대답인지 아닌지는 부차적인 문제가 된다. 기존의 판단을 그저 확인받는 것이 아니라 예상치 못한 내적 발견으로 향하는 것이다. 독자 입장에서 내게 흥미로운 인터뷰어는 인터뷰이가 스스로 말하고 싶어 한 줄도 몰랐던 것을 끌어내는 이다. 20세기 최초의 여성 종군기자로 널리 알려진 오리아나 팔라치는 그런 맥락에서 인터뷰를 "내성적인" 장르라고 칭하기도 했다. 이전에는 표현되지 않았던 진실을 탐구하도록 "유도하는 자기 계시적 대화"가 좋은 인터뷰라는 것이다(팔라치가 자기 자신과의 대화집이라 불러도 좋을 자서전 『나는 침묵하지 않는다』를 펴냈다는 사실은 그래서 더욱 흥미롭다).

대화의 미덕을 극대화한 장르인 인터뷰에서 우리는 서로 팽팽한 '역할'을 부여받는다. 이 역할극은 잘 질문하고 싶은 욕구와 잘 대답하고 싶은 욕구를 서로 공평히 나눠 가지게 한다. 결국 내가 배운 전략은 나라는 역할의 압력을 낮추는 쪽이다. 질문의 파장 속에 나도 함께 실린 채로 상대를 향해 한없이 떠밀려가는 것이다.

신기하게도 내가 먼저 겸허해지면 상대도 차츰 자신의 연약한 면을 내보여준다. 우리 사이에 침묵을 풀어놓을 용기도 비로소 생겨난다. 질문자로서 빈틈없이 응수해야 한다는 강박을 내려놓은 자리에 약간의 고요가 들어서면서 상대가 숨을 고른 뒤 한층 본질적인 이야기를 꺼낼 여지도 늘어난다. 매번 돌아오는 행운은 아니지만, 하나의 대답이 끝났다 싶을 때 곧장 다음 질문으로 향하지 않고 조금 더 기다려보면 일말의 지연 이후 가장 진실한 말들이 피어나는 경험도 하게 된다.

가끔씩 인터뷰이가 "질문이 뭐였죠?" 하고 되물어오기도 한다. 산만한 질문을 던진 건 내 긴장 탓이니 참 쑥스러워지는 동시에 우리의 대화가 정해진 궤도를 이탈해 비정형의 진실로 향할 수 있는 기회가 바로 지금이라고 스스로를 채근하게 되는 때다.

인터뷰 전 무형의 계단 위에서 나는 더 잘 듣고 더 잘 사라지자고 마음먹는다. 예술을 빚는 이와 주로 대화하는 인터뷰어에게 날렵한 질문은 해부하기 위함이 아니라 공감하기 위함이다. 질문자를 믿고 자신의 그림자까지도 거울에 비춰준 인터뷰이에겐 한없는 고마움과 책임감을 느낀다.

어느 날은 높고 부담스러운 계단 하나를 막막히 올려다보았다. 상대를 깨끗이 비추기엔 마음도 생활도 번잡한 날이었다. 이어진 것은 만남의 시간. 애호하고 골몰했던 누군가가 눈앞에 살아 숨 쉰다. 상대는 오직 자신으로서 나와 상호작용할 준비를 마쳤다. 내가 누구든 오늘이 어떻든 주어지는 이 희귀한 몰입에 잠시 헌신하기로 한다. 문득 나루세 미키오 영화의 대사 한 줄을 주문처럼 떠올렸다. "나는 저 계단을 올라가는 걸 싫어한다. 그렇지만 일단 계단을 오르기 시작하면 나는 내 행운을 믿는다(〈여자가 계단을 오를 때〉)."

멀어서 가까운

　내 곁의 이웃은 만날 수 없지만 지구 반대편의 낯선 이의 얼굴은 볼 수 있는 팬데믹의 아이러니에 엔터테인먼트 업계는 전향적인 생존 전략을 내세웠다. 대규모 기자회견과 호텔에서 하루 종일 이어지는 인터뷰 대신 전 세계 언론을 대상으로 한 화상 인터뷰가 신작 프로모션의 자연스러운 수순이 된 것이다. 대면 인터뷰가 기본값인 시절에는 논의의 대상이 되기 어려웠던 해외 인터뷰이들의 이름이 기자들 사이에 속속 거론되기 시작했다. '접속'과 '종료' 버튼만 있으면 만날 수 있다는 가능성은 현지 출장을 나가도 15분 이상의 시간을 받기는 어려운 인물과의 일대일 인터뷰를 한 시간씩 확보하는 행운으로 이어지는가 하면, 기왕이면 많은 다국적 프레스를 품고자 하는 할리우드 스튜디오의 기계적 야심 아래 5분 남짓한 인터뷰 기회들도 속출했다(사실 매체 입장에선 계륵 같은 존재다. 톰 크루즈와의 5분? 인사는 제대로 할 수 있을까?). 어느샌가 내 줌Zoom 계정의 사용자 이름은 '김소미'에서 'Somi Kim, Cine21, Korea'로 바뀌어 있었다.

거리 두기 시대의 고립감 저편에는 비대면이 담보하는 연결의 기회가 웅성거렸다. 나는 이 스크린 앞의 소란을 일종의 특혜로 누리게 된 세대의 영화기자였다. 개인적 삶에서는 근거리의 가족도 쉽게 만나지 못하는 비극을 받아들이면서도 직업적으로는 어느 때보다 활발한 만남을 이어가는 풍경이 곧 영화 저널리즘의 뉴노멀이었다.

화상 인터뷰의 프로세스는 신기루 같다. 나는 정해진 장소에 찾아가지도, 인터뷰이와 만나기 전 관계자들과 인사를 나누고 몇 가지 중요한 정보들을 주고받지도, 시간이 다소 지연되는 동안 호텔의 푹신한 소파에 앉아 잠시 숨을 고르지도 않는다. 대신 내 앞의 책상을 정리하고 등 뒤의 배경이 너무 추레하지는 않은지 고개를 돌려 잠깐 확인한다. 심적 여유가 있다면 인터뷰이에게 유쾌한 첫인상을 줄 만한 배경 화면 설정도 도움이 된다. 미리 공개된 영화 스틸을 적절히 활용한다든가 하는.

메일로 도착한 화상 대화의 접속 링크를 클릭하면 잠

시 후 나(의 아이디)는 미리 생성된 '온라인 대기실'로 이동된다. 수입 배급사, 홍보사, 플랫폼 PR팀의 전문가들과 반갑게 인사 나누지만, 모두들 곧 자리 비움을 알리는 검은 화면 상태로 되돌아간다. 오직 그뿐이다. 나는 옷장에서 급하게 꺼낸 깔끔한 셔츠를 입은 상태고 트레이닝팬츠와 맨발이 혹여나 보이지는 않을지 카메라 각도를 한 번 더 확인한다. 오직, 그뿐이다. 이윽고 화면에 존재하지 않던 새 창이 갑자기 하나 떠오른다. 잠깐의 암흑. 그리고 화면에 빛이 들이치는 순간 내가 기다리던 바로 그 상대가 나타난다. 화면에 떠 있는 여러 얼굴 중 누구와 처음 눈을 맞춰야 하는지 고민하는 상대를 향해, 이제 내가 쾌활한 인사를 건네야 할 차례다.

어떤 인터뷰보다도 만남 전후의 통과 의례가 간편한, 그러나 갖가지 맥락과 접촉이 휘발되어 있어 훨씬 낯설고 불편한 새 문화 속에서 내가 기억하는 두 개의 시행착오는 다음과 같다.

사례 1. 미안하지만 조금 뒤로 가줄래요?

'듣는 사람'의 입장 중에는 상대에게 적절한 비언어적 리액션을 잘 보내고 있는지 끊임없이 점검하는 과정도 포함된다. 진심으로 경청하고 있는 내 얼굴과 자세가 상대에게는 지루해서 질식하기 일보 직전인 것처럼 보일 수 있음을 간과해선 안 된다. 우리의 무표정은 상상 이상으로 무감해 보일 수 있다. 상대의 긴장을 풀 수 있을 만한 호의적이고 호기심 어린 눈빛은 질문자에게 더없이 든든한 무기다. 필요하다면 부연 설명을 요청하거나 의구심을 전하는 무언의 신호를 보낼 수도 있다. 비록 우리가 눈을 맞추는 대신 서로가 보이는 스크린의 특정 각도를 응시하고 있을 뿐이라고는 해도.

영화 〈썸머 85〉가 한국 개봉을 앞둔 때 프랑수아 오종 감독과 화상으로 만났다. 나는 온라인 장막이 만드는 거리감과 모호함을 제거하고 싶었다. 이 불명확한 교감 체계를 극복하기 위해 더 크게 말하고, 더 가까이 다가가는 지극히 아날로그적인 대응 방식을 취했다. 하필 통신 상태도 불안정해 내 마음은 더욱 절박해졌는데, 정신을 차렸을 때는 오종 감독이 약간 당황스럽지만 정중한 표정으로 이렇게 말하고 있었다. "소미, 미안하지만 조금 뒤로 가줄래요?" 화면에는 이목구비만 커다랗게 클로즈업된 내 얼굴이 담겨 있었다. 예상컨대 그에게 들리는 내 목소리 역시 부담스럽게 웅웅거렸을 터다. 만약 그가 노트북이 아닌 컴퓨터로, 게다가 전체 화면으로 내 얼굴을 띄웠더라면……. 상상하자니 지금도 얼굴이 붉어진다.

비대면 만남에서도 물리적 거리가 중요하다는 사실은 어쩐지 고약한 유머 같기도 하다. 나는 상대의 요청에 금세 카메라와 적절한 거리를 두려고, 조금 더 '멀어지려고' 애썼다. 화면 속의 대화 상대가 적당하게 인식되는 거리를 찾아갔다. 모두 몇 초 사이에 자연스럽게 벌어진 일이었기에 대화는 끊김 없이 이어졌다. 인터뷰가 농익어 죽음과 데카당스에 매료된 그의 청년기, 죽은 첫사랑에 관한 이야기로 흐를 때쯤 나는 제법 충만하게 연결되고 있음을 느꼈다. 인터뷰를 마무리하는데, 서로 고맙다는 말을 주고받는 의례의 끝에 오종의 마지막 대사가 심상찮았다. "아무래도 아까보다 조금 더 가까워진 것 같네요." 둘 다 웃음을 터뜨렸다.

사례 2. 무료 제공 시간이 끝났습니다.

화상 인터뷰에 제법 익숙해졌다고 생각한 최근에 나는 두고두고 악몽의 소재로 사용될 만한 경험을 했다. 홍상수 감독의 영화 제작사 전원사에 수소문해 이자벨 위페르 배우와 화상 인터뷰를 가졌다. 〈다른 나라에서〉 〈클레어의 카메라〉 그리고 〈여행자의 필요〉로 이어지는 홍상수 영화 속 방랑자로서의 이자벨 위페르에 관해 물어보고 싶은 것이 많았다. 시작은 순조로웠다. 친밀한 분위기가 고조된 것은 〈여행자의 필요〉 현장 통역을 맡았고 이 작품에 배우로도 출연한 하진화 통역사 덕분이었다. 이자벨의 집 서재는 고즈넉했고, 그의 앞에는 김이 모락모락 나는 커피와 약간 어질러진 잡동사니들이 그대로 남아 있었다. 화장기 없는 얼굴로 안경을 끼고 앉은 이자벨의 무릎 위에는 결정적으로 앙증맞은 고양이 한 마리가 잠들어 있어 모두의 환심을 샀다.

"정보나 논리가 아닌 순간의 상황에 의지해 연기할 때 발생하는 자유로움은 어떤 것인가요?" 내가 물었고, 그가 답했다.

"나는 이 방식이 아주 좋아요. 집을 떠날 때까지 앞으로 어떤 연기를 해야 할지 전혀 모르고, 촬영지에 도착해서도 마찬가지죠. 홍상수 감독은 거의 아무것도 말해주지 않아요. 대사도 당일 아침에 주고요. 그럼에도 놀라운 건 감독이 하고자 하는 것들을 정확히 이해할 수 있게 된다는 거예요. 그건 매번 기적을 보는 것과 비슷하죠. (…) 아무것도 몰랐고, 모르는 게 좋았고, 모른다고 전혀 불안하지 않았어요."

이자벨 위페르는 노래하듯 리드미컬한 억양으로 모름의 영역이 배우에게 어떤 영감을 주는지 말했다. 있는 그대로 보고 반응하는 일이 두렵지 않았노라면서 그가 고개를 으쓱하는 순간이었다.

  소리도 없이 화면이 꺼졌다. 종료. 끝이었다. 나는 잠시 멍하니 노트북 배경 화면을 바라보았다.

  30분 남짓한 내 개인 계정의 무료 제한 시간을 완전히 간과한 탓이었다. 통상 인터뷰를 매개하는 영화 홍보사나 수입 배급사의 유료 계정 링크를 전달받아 인터뷰를 진행했기에 예상하지 못한 변수였다. 인터뷰를 하자고 졸라대던 한국의 영화기자가 자신이 한창 말하는 도중에 채팅창을 꺼버렸으니, 이자벨은 아마도 식은 커피를 홀짝이며 황당해하지 않았을까? 내 등에서는 한 줄기의 잔인한 식은땀이 흘렀다. 같은 계정으로 다시 화상 연결을 재개하려면 일정 시간을 기다려야 했고 이대로 배우를 내내 기다리게 할 수는 없는 노릇이었다. 이번에도 하진화 통역사가 구세주였다. 업무차 만난 통역사 이상으로 위페르와 따뜻한 우정을 나눈 그가 직접 파리에 전화를 걸어 상황을 전했다. 못다 나눈 이야기들은 결국 전화로 이어졌다. 그의 마지막 전언은 이러했다. 오늘 대화에 함께한 그 고양이의 이름은, 얼마 전 새 식구가 된 '우발라'라고.

  그 뒤로 한동안 이자벨 위페르와 인터뷰하다가 도중

에 갑자기 끌려 나가거나, 집이 붕괴되거나, 또다시 줌 화면이 꺼지는 등의 악몽을 꿨다. 꿈인 줄 알면서도 서늘해진 심장을 부여잡고 번뜩 깨어나기는 한결같았으나 그럴 때마다 우발라가 무너뜨린 책상 위 집기들의 모습 같은 것을 떠올리며 진정하려 애썼다.

한편 변화에 기민한 마케팅 전문가들은 화상 인터뷰가 가능하다면 화상 GV도 불가능할 리 없다는 아이디어를 실현하기에 이르렀다. 몇 가지 현실적인 난관이 있지만 암묵적으로 이해하고 넘어가자는 분위기였다. 이를테면 저화질의 화상통화 화면이 대형 스크린에 송출될 때의 견디기 괴로운 화면 깨짐, 너무 작거나 너무 큰 사운드, 어쩔 수 없는 연결 지연, 최악의 경우 갑작스럽게 연결이 끊길 수 있다는 문제 등등. 행사 모더레이터로서는 게스트의 증발(이라고밖에 표현할 수 없다) 시에 시간을 채울 만한 별도의 화제를 준비하고 있어야만 했다.

하지만 화상 GV는 이런 잠재적 결함에도 불구하고 새로운 극장 관람 문화로 빠르게 각광받았다. 영화의 엔딩크레디트가 오른 직후, 얼마 전까지 영화가 송출되던 바로 그 스크린 위에서 감독과 대면하는 경험은 특별하다. 풍족한 대화가 이뤄진다면 앉은 자리에서 두 편의 영화를 보는 효과에 버금간다. 더욱 감동적인 것은 화상화면에 갓 접속한 게스트의 얼굴이다. 방금 전 영화 관람을 마친 자리에 그대로 남아 있는 관객 앞에서 무감한 창작자는 드물 것이다. 관객들을 더 자세히 보고 싶다며 객석을 향한 카메라 앵글을 조정해달라고 요청하는 적극적인 감독들도 더러 있었다. 구로사와 기요시, 트란 안 훙, 하마구치 류스케, 야스밀라 주바니치 감독 등과 그렇게 만났다. 길면 한나절에 달하는 시차와 수천 킬로미터의 지형적 제약을 뚫고 객석에서 안광을 빛내는 관객과 온라인으로 대면한 창작자의 고양감은 불안정한 송출 상태를 뚫고 고스란히 전해지곤 했다.

한번은 영화 〈존 오브 인터레스트〉로 만난 영국의 사운드디자이너 조니 번(영화 〈가여운 것들〉 〈놉〉 등을 작업했다)과의 대화 중에 나도 모르게 자꾸만 그의 정수리 위로 눈길이 갔다. 할리우드의 백인 중심주의를 오싹하게 풍자하는 영화 〈놉〉에는 영국의 사진작가 에드워드 머이브리지의 활동사진 〈말 타는 흑인〉(1872)이 등장한다. 작품 속 남성은 영화 역사상 최초의 배우–스턴트맨이라 이름 붙일 수 있지만 역사적으로 철저히 비가시화된 존재다. 〈말 타는 흑인〉의 한 장면이 방 한가운데, 번의 머리 꼭대기 위에 걸려 있었기 때문에 나는 그것이 〈놉〉 작업 후 조던 필 감독이 자신의 음악감독에게 건넨 선물은 아니었을지 궁금해졌다. 그날, 든든한 수호자들 같은 객석의 호기심 어린 눈빛에 힘입어 인터뷰이의 집 안 인테리어에 관해 묻는 작은 일탈을 감행할 수 있었다. 조니 번 음악감독은 자리에서 일어나 벽면 액자를 향해 카메라 각도를 살뜰히 조정하는 수고를 더해가면서 조던 필로부터 받은 기념비적인 선물에 관해 들려주는 것으로 끝인사를 대신했다.

나의 방, 우리의 객석이 그들의 방과 연결되는 체험은 불편하게 시작해 뜻하지 않게 편안해진다. 활자로 옮겨 적으면 제법 이상한 일 같지만 놀랍게도 가능한 현실이다. 현실의 대안으로서 영화와 만나고, 비대면의 대안으로서 화상 만남의 가능성을 긍정하는 이들은 스크린의 물리적 제약을 기꺼이 넘나들려는 존재들이다. 디지털 커뮤니케이션의 시행착오들이 실생활에서 피부로 접촉하는 인간관계의 그것보다 반드시 하등한 경험일 리는 없다는 생각을 이 일이 알려주었다. 이제 나는 새로운 누군가에게 접속할 때마다 스크린 너머의 당신과 내가 서로에게 피상이 아님을 기꺼이 낙관한다.

정면을 바라보기

 매주 주말마다 압구정과 여의도에서 하루에 두 번씩, 짧으면 20분, 운이 좋으면 30분가량의 시간을 허락받았다. 스크린 앞에 깔린 상영관의 평평한 카펫 위에 서서 막 끝난 영화에 대한 비평을 말로 전했다. CGV 아트하우스에서 큐레이터라는 이름을 달고 행한 일이었다.
 일반적인 영화 GV에서 흔히 볼 수 있는 기물들은 다음과 같다. 작은 탁자, 의자, 생수 한 병과 무선 마이크. 하지만 큐레이터의 짧은 게릴라전에는 그 흔한 것들이 동원되지 않았다. 엔딩크레디트가 모두 올라간 뒤 어두웠던 공간이 환해지면 경쾌한 재즈 스코어가 흘러나오고, 그것을 유일한 동력 삼아 저벅저벅 걸어 들어가는 사람이 있다. 나와 마이크, 그리고 관객만이 존재한다. 겨우 이십대 중반이었던 나는 상영관에 입장할 때 객석을 바라보며 눈이라도 맞춰야 하는지, 그냥 바닥을 보며 묵묵히 들어가도 되는지 같은 것들부터 헷갈리곤 했다. 필요한 것은 혹시 스웨그였나? 아무튼.

한동안은 아이폰 메모장에 "'이제, 그러니까, 어……'라고 말하지 말기"라고 적고 최상단에 고정 핀으로 박제해두었다. 그럼에도 녹음기에는 말과 말 사이에 '이제, 그러니까, 어……'를 딸꾹질처럼 반복하는 사람의 목소리가 자주 떨고 있었다. 글의 밀도로 써둔 대본을 말로 소화하자니 힘이 달려서, 잘 말하고 싶은 영화일수록 해설을 망치곤 했다.

약 4년간 마이크를 쥐고 다짜고짜 인사를 하고 내 소개를 한 뒤 영화에 관해 말하고 질문을 던지고 답하는 작업을 주말마다 이어갔다. 무언가 준비해온 사람의 절박함 앞에서 많은 이가 자리를 떠나지 않고 객석에 남아주었다. 어떤 사람들은 '얼마나 잘하는지 두고 보자'는 표정이었지만 어떤 사람들은 그저 순전한 친절함으로 거기에 있다는 것을 알 수 있었다. 어느 쪽이든 눈물 나게 고마웠다.

가끔은 버라이어티쇼 〈영화, 어디까지 말로 할 수 있을까?〉의 출연자가 된 기분으로 일했다. 격려를 건네는 이들이 다수였는데도 나는 자주 스스로를 놀림거리로 생각했다. 그럼에도 주 4회, 한 달에 16번, 1년이면

200번에 조금 못 미치는 횟수를 채워간 나만의 영화 버라이어티 프로그램이 운 좋게 지속되었으므로 나는 PD와 작가, 출연자의 역할을 겸할 수 있는 이 드문 기회를 놓치고 싶지 않았다. 따라서 자주 나만 아는 개편을 단행했다. 디지털 로토스코프 애니메이션 영화 〈러빙 빈센트〉처럼 CGV 아트하우스 관객들이 선호할 만한 스타일의 영화가 흥행할 때는 300석 극장이 가득 찼다. 그럴 땐 박물관 도슨트처럼 성실한 해설사를 자처했다. 빈센트 반 고흐의 삶과 로토스코핑 기법에 관한 적절한 교양과 재미를 전달하도록 대본을 썼다. 테런스 맬릭의 영화 〈송 투 송〉이 개봉한 주에는 상영관에 많아야 스무 명 남짓한 관객들이 남아 있었다. 어느 날엔 서로 멀찌감치 떨어져 앉은 두 명의 관객과 나, 그러니까 셋이 전부였다. 나를 제외한 두 사람 모두 듣기보다는 말하고 싶은 표정이었다. 우리는 테런스 맬릭 영화에서 감지할 수 있는 비트beat 단위의 편집 감각, 과장된 앙각 숏의 쓰임에 대해서 끝말잇기 같은 대화를 이어갔다. 진정한 의미에서의 관객과의 '대화'였다. 다음 상영이 임박했음을 알리며 CGV 직원이 채근하자 상영관 출구로 다급히 걸어 나온 세 사람은 어쩌다 보니 잠시 후 주춤거리며 화장실에도 같이 들어갔다.

내가 청중의 요구를 구별해보려고 하는 동안에 극장을 찾은 관객들도 '말하는 평론가'를 향한 저마다의 정의를 보여주었다. 나는 낯설지만 반가운 존재와 성가신 존재 사이를 오가는 것 같았다. 환대와 존중, 의심과 호기심 속에서 간혹 부정당하는 경험을 했다. 막 경력을 시작한 이십대 여성 평론가에게 다가와 나이와 이력, 학벌을 샅샅이 묻는 사람도 나의 관객이었다. 지하철 방향을 물으면서 밖에 나가 좀 더 이야기하자는 사람도 분명 나의 관객이었다. 사회 초년생 시절에 일하다 말고 화장실로 뛰쳐나가 운다는 유구한 직장인 전설이 실로 진실임을, 그때 나는 영화관의 화장실 구석 칸에서 체험했다.

돌이켜 보면 몇 년간 정체성을 찾아가는 중이었다고 그 혼란들을 간략히 요약할 수도 있겠다. 리뷰어 혹은 평론가 되기가 내게는 노동이고 생계였다. 대안적 운영이 허락된 팟캐스트나 웹사이트, 신진 플랫폼을 창안하지 않고 대기업 산하의 아트하우스 극장에서 일을 수주받는 입장이었다는 점도 여러 고민과 무관하지 않을 것이다. 작품을 어떻게 '볼지', 그리고 자신이 어떻게 '보일지', 그 양쪽의 무거움을 고민하는 동안 그것이 외연의 확장이라고 믿는 수밖에는 없었다. 그런 와중에 정작 중요한 것을 섬세히 보지 못하고 있었다는 사실은 그로부터 얼마 후에 깨달았다.

우리 시대에 가장 중요한 이탈리아 감독 중 한 사람인 알리체 로르바케르의 영화 〈행복한 라짜로〉가 개봉한 무렵의 일이다. 상영관 입구에서 스크린 쪽으로 걸어가는 동안 객석 앞쪽에 앉은 어느 중년 여성이 울고 있다는 것을 어렵지 않게 알아차릴 수 있었다. 밤색 스웨터에 조금 헐거워진 안경을 콧잔등에 걸친 부스스한 단발머리의 여자였다. 그는 내내 훌쩍였다. 내가 준비해온 말들을 한참 이어가다가 종료 인사를 할 때까지도 손등으로 눈물을 훔칠 뿐이었다. 감사합니다, 하고 숙였던 허리를 들어 올리며 내 시선이 정면을 향했을 때 우리는 처음으로 눈을 마주쳤다. 내내 자신의 무릎을 보는 듯했던 그의 시선이 드디어 나를 향하고 있었기 때문이다. 극장 천장에서 수직으로 떨어지는 조명이 한 사람의 붉게 상기된 얼굴과 막 눈물을 훔쳐낸 눈가를 반짝거리게 했다. 그는 웃고 있었다. 담담한 미소가 일종의 화답으로 느껴졌다.

울기 위해 영화관에 들어가는 사람들이 있다. 언젠가의 나도 예외는 아니다. 극장은 성인의 눈물을 자연스럽게 용인하는 몇 안 되는 사회적 공간이다. 그를 눈여겨본 것은 그 울음이 희한하다거나 구경할 만한 무엇이어서가 아니었다. 스크린에 감응한 인간의 정면을 이토록 가까이에서 마주하고 있다는 것, 그 생경함에 붙들리지 않을 도리가 없었다. 이전까지 청중의 표정이란 해설자인 나 자신의 정당성을 평가하기 위한 척도에 가깝지 않았던가. 남아 있는 사람과 나가는 사람, 내 말에 집중하는 사람과 넌더리가 난 사람. 그런 분류에는 익숙해져 있었다. 그러나 그날 CGV 아트하우스 압구정 ART 2관 C열에 앉은 한 사람의 얼굴은 너무 진실해서 부서질 것 같은 관객의 정면이었다. 나는 그것을 그저 알아차리기만 하면 됐다. 만약 앞으로도 그럴 기회가 주어진다면 계속 보고 싶은 얼굴이었다. 한 사람의 감동이나 슬픔, 감춰지지 않는 카타르시스를 볼 권리가 만약에 내게 조금이라도, 티끌만큼이라도 있다면.

애매한 오후 상영 시간대에 맞춰 집에서 혼자 나와 극장에 앉은 여자의 앞과 뒤는 그렇게 무궁무진하게 펼쳐진다. 알리체 로르바케르 감독을 논할 때 언급하게 되는 이탈리아 영화(펠리니와 로셀리니의 유산)들과 그의 젊은 시절 사이에 어떤 추억의 내러티브가 작동하고 있는지도 모른다. 혹은 〈행복한 라짜로〉가 품은 누추한 고귀함이 세속에 지친 한 사람을 오래 위로한 것일 수도 있다. 어느 쪽이든 그는 해설자가 이론과 관념을 동원해 전하려는 영화의 아름다움을 이미 자신의 몸으로 충분히 느끼고 있다. 나는 우리가 같은 영화를 본 뒤 느낀 비슷한 감흥을 전혀 다른 방식으로 표현하고 있다는 사실을 역시 그저 알아차리기만 하면 된다.

  관객의 정면을 마주하는 일에 매번 이토록 고양되기란 불가능할 것이다. 그럴 필요도 없고, 그러지 않는 편이 더 나을 것 같다. 그럼에도 가끔씩 청중의 요구가 종잡을 수 없게 느껴지고 나라는 화자가 스스로에게 의심스러워지면 이 첫 대면을 회상한다. 나를 보는 관객이 아니라 내 등 뒤편에서 잠시 휴식 중인 스크린을 방금 전까지 보고 있었던 관객을 떠올린다. 비록 혼자 서 있을지라도 애초에 당신의 말하기가 한 번도 '혼자 말하기'였던 적은 없다고, 감동한 관객의 빛나는 정면은 말하고 있다.

쓰지 않으면 안 되는 경우에

영화계 주요 인사의 부고가 갑작스레 들려오면 한국영상자료원의 KMDb 홈페이지에 들어가 그의 필모그래피를 훑는다. 의식적으로 그렇게 한다. 나와 직접적인 관계를 맺지 않은 타인의 죽음에 비애감을 느끼다 보면 그런 마음이 어딘가 분수에 맞지 않는 것 같기도 하고 부적절하게 느껴지면서 애도 앞에서 번번이 미끄러진다. 그런 상태를 나름대로 다독이기 위해 나는 기록들을 뒤적인다. 객관의 세계는 우리를 안심시킨다. 부음이 알리는 부재가 무색하게 필모그래피는 변함없이 건재하다. 그 목록이 얼마나 길든 짧든.

2020년 11월 20일 토요일, 고故 송재호 배우가 영면했다. 주말 저녁에 습관처럼 그의 필모그래피를 살폈다. 스크롤을 아무리 내려도 끝이 보이지 않았다. 고인이 남긴 작품은 영화만 88편, 단막극을 포함한 TV 드라마까지 세면 도합 200편에 달한다. 스타로서는 달성하기 힘든 숫자라는 생각이 퍼뜩 들었다. 그의 기록은 근면한 직업인의 궤적을 가리키고 있었다. 말하자면 우리가 기억하지 않는 작품에서, 때로는 전혀 회자되지 않는 인물로 그는 항상 존재하고 있었던 것이다.

   월요일 아침이 되자 편집장이 이번 주에 예정된 내 기사를 한 주 미루는 대신 부고를 쓰자고 했다. 나는 주변을 두리번거리면서 편집장에게 재차 물었다.

"……제가요?"
"응, 아까 회의 때 관심 있어 보이던데?"

   물론 관심은 있었다. 나는 아우성치는 양각 대신 묵묵한 음각을 새겨 넣는 일에도 부지런했던 조연 배우의 미덕을 고인의 페르소나로 구체화하고 싶었다. 감독이나 배우가 세상을 떠나면 수많은 매체가 부고를 쏟아내지만, 한정된 분량 속에서 대개 주요한 사건과 굵직한 수상 내역에 방점을 찍기 마련이다. 이때 영화잡지가 할 수 있는 일은 영화를 통해 그의 이야기를 심도 있게 재구축하는 것이다. 죽음이 아닌 삶의 장면들을 새로운 몽타주로 설득력 있게 배열하는 것이다.

편집장은 당신의 여러 기자들 중 한 사람이 송재호라는 배우를 해석하는 데 있어 무언가 감정을 지니고 있음을 읽었고 나는 수긍했다. 문제는 바로 그 감정이라는 것에 그저 사로잡히기만 했던 나머지, 도합 200편 중에 정작 내가 본 작품이 몇 개인지는 전혀 숙고하지 않았다는 점이다. 모두가 한 자라도 더 첨언하고 싶어 하는 스타가 생전 남겼을 법한 이렇다 할 자료도 많지 않았다. 몇 주 앞서 연달아 부고 기획을 맡았던 터라 가급적이면 활달한 주제를 다루고 싶은 마음도 막막함을 키웠다. 와중에 또렷이 기억나는 작품 속 그의 모습은……〈살인의 추억〉. 그렇다, 〈살인의 추억〉이다. 하지만 이제는 단견과 감탄의 자리에서 물러나 쓰지 않으면 안 된다. 제대로 써야 한다. 나의 기사가 되었으므로.

부담감은 우리가 하지 않아도 될 것을 시키는 데 능하다. 새삼스레 부고 기사obituary의 정의와 본질을 검색해보기로 한다. 이런 말들이 유난히 눈에 들어온다. "부고는 역사의 한 형태이며 종종 역사의 초안이다." 《워싱턴포스트》의 유명한 부고 담당 기자 아담 번스타인의 말. 1998년부터 지금까지 미국인들의 장례 절차에 중대하게 관여한, 세계 최대 규모의 디지털 추모비 웹사이트 《레거시》에는 이런 말도 적혀 있다. "부고를 쓴다는 것은 건초 더미에서 바늘을 찾는 것과 같다. 한 사람의 인생에서 가장 중요한 부분을 찾아서 몇 개의 짧은 단락에 효과적으로 압축해야 한다." 그러고 보니 한때 영미권 일간지에서 이름을 떨치는 부고 전문 기자를 동경했던 것 같기도 하다. 웨스 앤더슨의 〈프렌치 디스패치〉가 회고체의 영화이듯, 일간지의 품위와 문학적 역량을 점잖게 과시하는 지면이었던 부고란과 부고 전문 기자의 아우라는 이제 향수 속에만 존재한다. 그럼에도 두꺼운 전기가 아닌 '적당량'의 기사로 한 사람의 일생을 간추려내는 작업을 해낼 수만 있다면 죽은 자와 산 자를 모두 이롭게 할 수 있을 것이다. 부고 기사에 관한 간명한 통찰과 사명감이 깃든 말들을 읽을수록 내 손은 점점 무거워진다.

하는 수 없이 쓰기를 포기한다. 대신에 본다. 보는 일 앞에서는 너무 능숙하지 않아도 괜찮으니까. 나는 한국영상자료원 아카이브를 필두로 직접 구할 수 있는 DVD와 다양한 OTT 플랫폼에 운 좋게 포함되어 있는 고전들, 회사 서랍에 처박힌 비디오, 지인에게 입수한 불법 복사본까지 조심스레 목록에 포함시킨 뒤 가능한 한 많이 보기(병렬 시청)를 시도한다. 어떤 배우의 청춘, 전성기와 부침을 거쳐 나오는 완숙함, 마침내 초로의 우아함까지 깃든 장면들을 파도타기한다. 별안간 멈춰 섰다 또 나아간다. 종잡을 수 없던 선율이 서서히 정렬을 맞춰 하나의 레퀴엠으로 향해 간다.

거기에는 내가 진즉 감탄했었으나 잊었던 장면이 있고 믿기지 않을 만큼 생경한 업적도 있다. 어느 밤, 송재호 배우가 주연한 1981년작 로맨틱코미디를 OTT 서비스 왓챠에서 볼 수 있다는 사실에 기묘함을 느끼면서 영화 〈세번은 짧게 세번은 길게〉를 재생했다. 1980년대 한국영화의 모던함이 거부할 수 없는 즐거움을 줬고 그의 젊고 잘생긴 얼굴과 능글맞은 연기에 한참 웃었다. 나는 부고 쓰기를 완전히 잊어버렸다.

다음 날은 하루 종일 전화를 걸고 받는다. 경청이 길어질수록 근심의 꼬리는 짧아진다. 중요한 말들은 따로 분류해 지면에 생생한 회고록적 목소리를 더한다. 〈그때 그 사람들〉의 임상수 감독, 〈그대를 사랑합니다〉의 추창민 감독, 명필름 심재명 대표 등이 전해준 이야기를 다듬는다. 그러는 동안 나는 내심 봉준호 감독의 전화를 기다리고 있다. 통화하기로 한 시각을 얼마 앞둔 시점에 한 통의 문자가 도착한다. 생각을 좀 더 정리해 서면으로 전하겠다는 정중한 메시지다. 추모 기사를 위한 취재는 장례 직후에 가중될 주변인의 슬픔을 지나치게 침범하지 않는 선에서 이뤄져야 한다. 나는 잠자코 기다린다. 그날 밤 내 문사함에 도착한 것은 짧은 코멘트도 장문의 편지도 아니었다. 덩그러니 남겨진 파일 하나. 그의 음성이 담긴 녹음 파일이다.

 녹음된 내용은 거의 수정 없이 《씨네21》에 공개되었다. 여기에는 어떤 비밀도 없다. 그런데도 나는, 한 사람의 인생을 쓰려니 막막한 어느 밤 휴대폰에서 봉준호 감독의 음성이 흘러나오던 순간을 아주 비밀스럽게 기억한다. 스치는 옷깃 소리가 다 들릴 정도로 고요한 방 안에 그가 앉아 있다. 동시에 어딘가 구석 즈음에 놓인 턴테이블에서 흘러나오는 것 같은 낮고 구슬픈 피아노 선율이 들린다. 그는 〈살인의 추억〉의 촬영 현장을 회고한다. 송재호 배우가 연기한 수사반장은 잡히지 않는 연쇄살인범을 향한 실의 혹은 살의, 그리고 시대의 불의 속에서 좌절하고 있었다. 봉준호 감독은 거나하게 술에 취한 수사반장이 후배 형사들과 함께 술집을 나오면서 속을 게위내는 장면의 뒷면을 설명한다. 봉준호 감독 특유의 느릿한 말투를 따라 액정 위에서 음파가 일정한 높낮이를 그린다. 묘사되는 장면은 롱테이크 신을 스무 번 넘게 반복하려니 어느샌가 배우들에게 미안해진 젊은 감독이 자신의 야심을 조금 간소화해보려는 시점이다. 송재호 배우는 어떻게든 끝까지 당신의 이상을 구현해보자고 현장에 기세를 불어넣는다. 청년 봉준호가 자신을 다독였던 한 어른을 그려나간다. 그 목소리는 신중하기 위해 문득 말을 그치고, 때로 애틋함을 감추지 못해 중얼거린다. 결코 정연해지기 어려운 애도의 상태를 있는 그대로 노출하는 그가 어쩐지 완성될 기사의 진실함까지 넌지시 주문하는 것 같다. 봉준호 감독은 생략과 압축을 포함한 모든 정리는 나의 자유라는 사려 깊은 첨언도 함께 덧붙이면서 추모사를 매듭지었다.

고 송재호 배우의 필모그래피는 예정된 지면에 모두 담기지 않아 잡지의 마지막 장에 따로 실었다. 작품의 이름들만으로도 백지는 가득 찼다.

기사 발행 후 송재호 선생의 장남인 송영춘 목사로부터 메일이 왔다. 독자의 메일을 받아본 적은 더러 있었지만 부고 기사를 읽은 고인의 가족이 주는 메시지는 처음이었다. 편지 속에서 그는 이렇게 적었다. "선생의 기사를 통해 내 아버지를 새롭게 보았습니다. 아버지가 자신의 업적 속에서만큼은 계속 살아 있을 것 같습니다……."

적역의 필자는 준비된 필자다. 대상의 역사와 이론,

방법론에 대해 탐구해온 가장 적확한 필자를 찾는 일이 잡지기자와 에디터의 주요한 과제 중 하나인 이유다. 그러나 현실의 사정은 우리가 언제나 적시에 적역을 만나도록 내버려두지 않는다. 가장 난감하게는 나 자신이 적역이 아닌 필자가 되기도 한다. 나는 그 문제를 유독 부고 기사의 책임 앞에서 실감하는 걸지도 모른다.

지금도 가끔씩 열렬히 탐구해왔다고 말하기엔 부족한 누군가의 추모에 관여한다. 내가 할 수 있는 일은 뒤늦게라도 그의 유산을 열렬히 사랑해보는 것뿐이다. 붙잡을 수 있는 필모그래피와 타인의 기억을 보고 헤매면서 페르소나를 그려나간다.

가끔은 내가 한참 전에 출발한 거대한 열차에 올라타려고 달려가는 사람 같다. 오래된 탑 위로 이제 막 걸어 올라가기 시작한 사람 같기도 하다. 이 장면에서 항상 작고 역부족인 쪽은 쓰는 사람이다. 따라잡아야 할 열차와 높은 탑은 매번 바뀐다. 그래도 너무 낙담하지는 않기로 한다. 쓰지 않으면 안 되는 경우에 대상은 우리를 도와준다. 알면 알수록 가중되는 애정의 형태로, 해야 할 일을 잠시 잊게 만드는 즐거움으로, 누군가의 낮고 다정한 음성과 편지의 몇 마디로 찾아온다.

응달에서 살아남기

좋아하는 일

병원에서 또다시 전화가 왔다. 임종 면회만 네 번째. GV 행사까지는 세 시간 반이 남아 있었고 지금이라도 전화를 해야 했다. 죄송하지만 못 갈 것 같아요. 오늘이 정말 그날이 될 수도 있거든요.

'오늘이 아버지가 죽는 날'일지도 모른다는 이유로 한동안 나는 몇 번이나 중요한 회의에 가지 않거나, 최소한의 사교마저 중단하고, 급기야는 인터뷰 당일에 일정을 미루기도 했다. 한마디로 직업인으로서는 부적격인 나날이었는데, 사람들이 언제까지 이런 나를 받아줄지 시험대 위에 선 기분이 들곤 했다. 수많은 타인이 베풀어준 친절에도 불구하고, 돌봄노동자로서의 내 처지가 일터에서의 미비함으로 이어진다는 생각은 언제나 마음 한구석을 쪼그라들게 했다. 그런 불안감은 기만적인 것이기도 했다. 나는 일 때문에 가족을 외면했다는 죄책감을 사후에 떠안고 싶지 않았고, 돌봄노동이야말로 한 인간이 타인에게 이롭게 기여하는 몇 안 되는 실천이라는 생각에 과도하게 사로잡혀 있었다. 병원 밖에서 나는 누군가를 실망시키는 데 익숙해졌다.

그날도 몇 번이나 실망시킬 기회가 있었다. 모든 기회의 순간이 생생하게 손끝에 만져진다. 택시를 타고 병원으로 달려갈 때, 중환자실 앞에 10분 만에 도착했는데도 정작 들여보내주지 않아 40분이나 안절부절 기다릴 때, 다른 가족들에게 의미심장한 목소리로 전화를 걸 때, 내게는 아직 기회가 남아 있었다. 하지만 나는 중환자실 문을 바라보다가 화장실에 들어가 옷매무새나 다듬는다. 설명하기 힘든 동기에 휩싸인 내가 보인다. 슬프다면 슬프고, 어리석다면 참 어리석은.

"영화기자가 된다면 해외 감독 중 누굴 가장 만나고 싶어요?" 입사 전 객원기자로 일하던 시절에 부산의 어느 컴컴한 횟집에서 한 선배가 물었다. 사회 초년생들에게는 모든 질문이 자신의 쓸모를 증명하라는 요구처럼 다가온다. 그때의 나도 예외는 아니어서, 후배에게 업무상의 정보를 공유받고자 하는 선배의 실용적 동기를 알아차리지 못한 채 사소한 질문에도 지나치게 뜸 들이거나 장황하게 늘어놓기 일쑤였다. 이 질문은 웬일로 명료하게 답한 얼마 되지 않는 경우였다. "크리스티안 페촐트요! 아네스 바르다, 구로사와 기요시, 그리고 짐 자무시도요."

바르다는 몇 년 뒤인 2019년 3월에 세상을 떠났고 그로부터 수년이 지나서야 칸영화제 출장 전 잠시 파리에 체류하는 동안 그가 남편인 자크 드미 감독과 함께 잠든 묘역을 찾을 수 있었다. 구로사와 기요시 감독과는 2022년 〈큐어〉 상영을 앞둔 전주국제영화제 때 공회전하는 고속버스 안에 마련된 인터뷰 룸에서 만났다. 짐 자무시와는 팬심을 고백하는 것만으로도 벅찬 짧은 만남이 있었다. 2023년 칸영화제 경쟁부문에 상영된 아키 카우리스마키 감독의 영화 〈사랑은 낙엽을 타고〉를 보고 나왔을 때 뤼미에르 극장 앞에서 그와 우연히 마주친 것이다. 아마도 그런 기억들이 쌓여 내가 뱉었던 소망에 어떤 실현성이 있다고 도취적으로 믿고 싶었던 것 같다. 코앞에 다가온 아버지의 죽음에 전전긍긍하면서도 동시에 곧 만나러 가야 할 나의 게스트, 크리스티안 페촐트 감독을 의식하고 있었으니까.

아빠의 끝을 제발 볼 수 있기만을 바랐다. 5년의 간병 끝에 죽음에 대한 내 입장은 어느 정도 서 있었다. 예정된 마지막까지 가능한 한 상대가 덜 외롭게 할 것, 완주할 것, 존엄을 지키는 데 도움이 될 것. 그리고 만약 가능하다면 내 노력을 보상받길 바랐다. 임종을 지키고 귓가에 마지막 말을 속삭임으로써 말이다.

전날부터 느낌이 좋지 않았는데 결국 최악의 타이밍이 되고 말았다. 타이밍이라니. 그런 말조차 비인간적이라는 생각이 든다. 기다림 끝에 나는 병원 대기실에 엄마를 혼자 두고 지하철에 몸을 실었다. 지하철에서만 한 시간이 넘는 시간을 썼다. 발산역에서 잠실역까지, 잠실역에서 롯데시네마 월드타워점까지 가는 동안 새하얗게 질린 심장이 얕고 빠르게 하염없이 파르르 떨렸다. 상영관으로 향하는 에스컬레이터에 몸을 실은 순간 오빠로부터 전화가 왔다. 그동안 우리 두 사람은 서로의 가슴을 철렁이게 하는 다급한 전화를 수없이 주고받았지만 그때만큼 윙윙거리는 진동의 촉감만으로 수화기 너머의 소식을 분명히 알아차린 적은 없었다. 『계속 쓰기: 나의 단어로』에도 비슷한 순간이 나온다. 작가 대니 샤피로는 어머니가 돌아가신 날을 이렇게 떠올린다. "어느 아름다운 늦봄의 저녁, 현관진입로에 차를 댄 나는 현관 앞 포치에 서서 핸드폰을 들고 있던 마이클을 보았다. 차창을 내리자 그가 나를 바라보았고, 나는 어머니가 돌아가셨다는 것을 알아차렸다."• 부모와의 관계에 있어서 이보다 더 명쾌한 정의를 찾기 힘든 아름다운 한 문장도 앞서 놓여 있다. "어머니와 나의 평생에 걸친 싸움이 언제 시작했는지는 모르겠지만, 끝난 순간은 안다."

객석 간 단차가 큰 대규모 상영관은 후문으로 진입해 스크린이 있는 무대로 걸어가기까지 통로 벽에 가려 관객 쪽이 잘 보이지 않는다. 객석이 가득 차 있는지, 텅텅 비어 있는지 모르는 채로 짧은 길을 걸어가는 그 시간만큼은 자기 관객을 상상하는 게스트들의 심정에 잠시 이입하곤 한다. 긴장과 설렘의 종잡을 수 없는 무늬. 그날 종종걸음으로 복도를 걸어가는 동안 기운과 소리만으로도 알 수 있었다. 아주 많은 사람이 약간의 흥분을 간직한 채로 벽 너머에 가득 존재하고 있다는 것을. 곧 신작 〈어파이어〉로 한국을 찾은 크리스티안 페촐트 감독과 나란히 앉았다. 〈피닉스〉〈트랜짓〉〈운디네〉로 국내 아트하우스 관객들에게 확고한 인장을 남긴 독일 감독의 최초 내한이었다. 큰 박수가 쏟아졌다.

• 대니 샤피로, 『계속 쓰기』, 한유주 옮김, 마티, 2022, 254쪽.

내 슬픔과 죄책감을 쫓아내는 박수 소리에 밀려 나는 잠시 미셸 공드리 영화처럼 저 먼 어둠 속으로 혼자 튕겨져 나갈 수도 있었지만, 그렇지 않았다. 오히려 그때만큼 또렷하게 감사한 적도 드물었다.

크리스티안 페촐트 감독은 존재감이 강력하지만 동시에 타인의 불필요한 긴장을 풀어주려 애쓰는 모습도 역력해 친절한 사람으로 기억된다. 그가 "한국까지 오는 기내에서의 피로와 시차로 인한 멍함이 그 어떤 때보다 오늘의 나를 솔직하게 만들어줄 것"이라고 공표하고 시작한 덕분에 분위기는 시종 친밀하게 흘러갔다. 우리가 영화 〈운디네〉 속 바흐의 협주곡 D단조 BWV 974 2악장 아다지오와 〈어파이어〉에 쓰인 류이치 사카모토의 곡 「Andanta」의 유사성에 대해 이야기할 무렵에 주어진 70분의 시간이 끝을 알렸다. 마지막 인사를 할 때쯤에야 다시 아버지가 떠올랐다. 이 대화의 전후로 그가 생사를 달리했다는 사실이 얼떨떨했다.

장례식장에 문상객처럼 걸어 들어갔다. 냉정한 제도 속의 죽음은 지각생을 봐주지 않는다. 차가운 냉동고에 누운 아빠를 상상하며 고백하는 수밖에 없었다. 다정한 관객에게 건네받은 푸른 꽃을 아버지의 영정 제단 아래

놓으며 말 걸었다. 오늘도 일을 마치고 돌아왔다고. 다른 사람은 몰라도, 욕심 많은 성성을 물려준 바로 당신이라면 이해해줄 것을 안다고. 낯선 영화감독들의 이름을 나열하며 동경으로 달뜨곤 했던 딸의 얼굴을 아버지는 슬며시 좋아하곤 했으므로 그가 정말로 괜찮다고 말해주었으면 했다.

주말 저녁에 죽은 사람과 그의 남겨진 가족들에게는 애도의 절차가 지연된다. 상조회사의 직원이 늦게 도착하고 제단의 꽃과 음식이 꾸려지는 데 한참 걸린다. 나는 상복을 기다리는 동안 하릴없이 차가운 빈소 바닥에 앉아 오늘의 대화를 곱씹는다. 페촐트의 영화를 순서대로 찬찬히 꾀어본다. 〈내가 속한 나라〉〈볼프스부르크〉〈유령〉〈옐라〉〈열망〉〈바바라〉〈피닉스〉〈트랜짓〉〈운디네〉〈어파이어〉……. 오늘 어떤 질문이 유효했을까? 나는 왜, 무슨 말이 하고 싶어서 그를 그토록 만나고 싶었을까? 그건 그렇고, 아빠는 정말 죽은 게 맞나? 장례식장에서 몇 층 더 올라가 늘 그랬듯 그가 머무는 병동의 미닫이문을 열고 들어갈 수 있을 것만 같았다.

GV 이후 지면 기사용으로 마련한 페촐트 감독과의 긴 인터뷰가 기다리고 있었는데, 문상 온 편집장과 동료들 앞에서 예정대로 일정을 진행하겠다고 했다가 질책

받았다. 충분히 슬퍼하고 말고의 문제가 아니라 일단 다 내려놓고 조금이라도 쉬라는 당부였다. 그렇게 일주일을 멍하니 자다 깨다 했다.

아버지는 영화기자라는 직업에 대해 평생 감을 잘 잡지 못했다. 자주 내가 무슨 일을 하는지 물어봤다. 왜 목요일마다 유난을 떨어야 하는지, 출장은 왜 또 그렇게 잦은지, 도대체 '지브이'의 뜻이 무엇인지 몇 번이나 아리송해했다. 내 일의 속성보다 내가 만난 TV 스타의 이름으로 그를 우쭐하게 하는 것이 더 쉬웠다. 칸영화제는 '국제적' 축제이니 그곳에 가는 건 출세임이 분명하다고 좋아했다. 한국전쟁과 IMF를 겪은, 끝내 지병에 코로나19 합병증이 더해져 사망한 나의 1946년생 대구 출신의 아버지는 크리스티안 페촐트라는 이름을 들어본 적도 없거니와 분명 좋아하지도 않았을 것이다. 이 직업의 사정에 대해 그는 아무것도 모른다. 그런 그가 아주 오래전부터 꿰뚫고 있었던 게 하나 있다. 병세가 완연해진 어느 날에 아빠는 침대에 기대어 나를 쳐다보며 이렇게 말했다.

"너는 정말 좋아하는 일을 하고 있나 봐."

메일함의 보도자료들에 정신이 팔려서 눈길도 주지

않는 딸이 되묻는다.

"뭐라고?"

"그럼 한번 멋지게 해봐라. 좋아하는 마음에 보답해야 하니까."

이렇게 어리석게라도 해나가는 것이 그저 내가 영화에게 받은 것들에 대한 보답이면 좋겠다. 그런다고 덜 슬퍼지는 것은 아니지만.

실패 지점까지

 구백구십구. 이름 밑에 적힌 숫자. 작성한 기사 999건. 영화평론가인 O 선배가 어느 날 내게 사진 하나를 보내왔다.《씨네21》기자 페이지를 캡쳐한 화면이었다.
 한 번도 의식한 적 없었던 숫자가 그날 이후로 은근히 눈에 밟혔다. 그러다 며칠 뒤 자릿수가 늘어났다. 1 그리고 0이 세 개. 선배들이 진작 넘었고 그들은 다 잊어버린 숫자라고 해도 그 순간의 내게는 잠시 반짝거렸다. 의미는 어느 때고 만들고 싶은 사람에게 뒤늦게 주어지는 법이니까, 나는 그것을 제법 축하해보기로 했다. 세계에는 아무 도움이 되지 않는 작은 기록 앞에서 혼자 맥주 한 캔을 마셨다. 여전히 버거운 수요일 새벽 1시, 모니터 앞에 초조한 얼굴로 앉은 내가 스스로를 겨우 위로하는 방식이었다. 일은 되지 않고 잠도 오지 않는 밤에 맥주 한 캔씩 마시는 습관이 좀처럼 떨어지지 않고 있었다.

다음 날 아침, 나는 외마디 비명을 지르며 깨어났다. 그처럼 등이 부서질 것 같은 고통은 살면서 처음이었다. 1년 전쯤부터 슬슬 아파오기 시작한 날갯죽지의 통증이 하룻밤 사이에 갑자기 담이라도 결린 듯 극심해진 거였다. 꽥꽥거리며 출근했다. 이것이 천 개의 무게란 말인가. 직업병은 기사를 3천 건 정도 쓴 뒤에 올 줄 알았는데. 그 무렵 지혜로운 편집팀장인 이다혜 선배는 침착하게 "네게도 올 것이 왔구나" 하고 말했다. 뒤이어 선배가 먼 산을 바라보며 중얼거렸던 말도 떠오른다. "몇 년 뒤면 눈도 침침해질 건데 너무 걱정 안 해도 된다. 그냥 조금 이른 노안인 거야."

며칠 뒤 나는 대부분이 공실인 집 앞 상가건물 안에서 한참을 헤맨다. 사방이 온통 백색 페인트로 칠해진 그곳에서 에스컬레이터 방향을 헷갈려 2층만 두 바퀴째 도는 중이다. 메가박스 코엑스에서 언론배급시사회가 있을 때마다 의도치 않게 배회하게 되는 것처럼. 손에는 퇴근길에 받은 전단지가 들려 있다. 믿기지 않게 저렴한 일대일 PT(퍼스널 트레이닝) 가격과 종전의 등 통증이 적절한 동기로 결합해 드디어 생애 최초로 제대로 된 운동을 해보기로 결심한 것이다.

헬스장의 문을 열고 들어갔을 때 나는 세상의 건강하고 행복한 사람은 그곳에 다 모여 있음을 첫눈에 알 수 있었다. 길에서 마주쳤다면 나처럼 지친 노동자라고 생각했을 사람들이 그곳에서는 아이돌 음악을 연료 삼아 반半트랜스 상태의 희열을 내뿜고 있었다. 육신의 존재감이 이토록 왕성한 공간에 있어본 게 얼마 만이었더라. 진정한 '저녁이 있는 삶'을 사는 부지런한 사람들을 나는 경외감에 찬 채 바라보았다. 그렇게 가까스로 일주일에 한 번, 출장이 겹치면 2주에 한 번씩 헬스장에 드나들었다. 천 개의 기사가 내게 무언가 남기긴 한 것이다. 운동해라, 그렇지 않으면 죽는다.

운동을 시작하면서 접지接地의 감각을 배웠다. 낮에는 재활병원에서 환자들을 돕고 오후에는 헬스장에서 회원들을 가르치는 내 선생님은 빛나는 오렌지색 머리를 한 근육질의 여성이다. 이 건강하고 유능한 여성은 두 발을 땅에 제대로 딛고 서는 법부터 차근차근 알려주었다. 나는 그에게서 발바닥을 바르게 놓고 원하는 만큼 힘주어 지면을 밀어내는 기술, 즉 걸음마를 새로 깨쳤다. 요컨대 그동안 나는 붕 뜬 채 살아온 것이 틀림없었다. 운동이 인생의 좋은 비유가 되어주리라는 직감이 왔다.

발을 땅에 단단히 붙이자 내 몸이 보이기 시작했다. 인내심 깊은 선생과 함께 차근차근 알아간 나의 신체는 영화를 '보는' 사람의 증상으로 가득했다. 주간지 영화 기자는 앉아 있는 직업이다. 이 직업의 맹점은 글을 쓸 때도 앉아 있지만, 글을 쓰지 않는 드문 순간에도 대체로 앉아 있다는 것이다. 영화관에서, 인터뷰이 앞에서, 책상에서 우리는 하루종일 앉아 있다. 제발 일어서면 좋으련만. 오래 앉아 있는 사람의 몸은 의자 위에서 짓눌린 고관절과 허벅지 내전근, 짧게 수축된 채 굳은 햄스트링으로 인해 허벅지 앞쪽에 쉽게 과부하가 걸린다. 탈진했을 때 엉덩이를 미끄러뜨려 의자에 거의 눕듯이 기대어 앉는 자세가 그중 최악이다. 나는 점점 배를 앞으로 내밀고 무릎을 굽힌 채 서 있는, 신체적으로나 정신적으로나 어정쩡한 자세가 편안했다. 우리 몸은 우리가 하는 일을 이토록 쉽게 유추하게 한다.

굽고 헝클어진 몸은 자조에도 익숙하다. 하지만 내 일이 내 몸을 관통한 흔적에 너그러운 소생의 기회를 줄 수는 없을까. 나는 지친 사람의 포즈에 길든 곳곳의 근육들에 도로 힘을 채워 넣기로 한다. 기억상실증에 걸린 그들을 악으로 깡으로 깨우기로 한다. 극기심은 글을 쓸 때도 부리곤 했으니 늘어나는 중량을 새빨개진 얼굴로 제법 견뎠다. 문제는 그 이후였다. 학생인 나는 힘들지만 제법 운동을 지속할 수 있을 정도의 무게를 유지하며 운동 횟수와 시간을 늘리길 바랐고, 선생님은 비록 포기하게 되는 순간이 오더라도 계속해서 조금씩 무게를 늘리길 바랐다. 그의 지시를 따르자면 나는 어느 순간부터 더 이상 아무것도 들어 올리거나 밀어낼 수 없다. 마지막 세트쯤엔 거의 선생님의 힘에 의지해 운동을 마쳐야 한다. 성취감을 누리기보다는 자신의 나약함을 끊임없이 확인하는 방식이다. 게다가 다음에 운동을 오기 싫어질 만큼 힘들다. 나는 자주 호소했다.

"제가 끝까지 해낼 수 있는 무게를 유지하면 안 되나요? 그래야 계속할 수 있을 것 같은데요."
"그럼 늘지 않아요. 실패 지점까지 가야 해요. 노력해도 안 되는 순간까지요."

내가 못하는 지점. 완전히 놓아버리게 되는 경지. 그래서 도움 없이는 완수할 수 없는 상태까지 꼭 맛보고서야 그날의 운동이 끝났다. 선생님의 말대로 이른바 '실패 지점'이었다. 역도로 치자면 바벨을 세차게 던져버려야 하는 때까지 밀고 나가기.

선생님은 자주 이렇게 말했다. "이제 아무것도 신경 쓰지 말고 해요. 그냥 해버려요!"

자세고 태도고 이론이고 뭐고, 그냥 해버려요. 그런 말이 나올 때쯤이면 나는 어김없이 비명을 지르고 있었다. 비명 후 찾아오는 급진적 고요에 중독되어 어떻게든 매주 한 번은 그곳의 문을 열고 들어가는 건지도 몰랐다.

아름다운 '실패 이론'은 빠른 향상을 담보하지 않는다. 성실히 계속 실패했는데도 덤벨의 무게와 그걸 밀고 당겨내는 횟수는 늘 비슷한 수준이다. 거울 속에 보이는 몸의 형체에도 큰 변화가 없다. 엉망인 수면과 식사까지 통제할 여력은 없어 운동만 겨우 추가해본 사람들은 안다. 몸이 얼마나 끈질긴지를.

실패 지점을 받아들이는 것이 또 하나의 성취로 이어질 거라는 내 기대의 순진함에 항복한다. 그러고 보니 마감도 비슷하다. 천 개의 원고를 써도, 매주 마감을 해도 따지고 보면 나는 여전히 늘 실패한다. 한 주에 많게는 80매 이상의 글을 쓰기도 한다고 말하면 종종 돌아오는 질문은 그렇게 쓰면 글이 늘 수밖에 없겠다는 기대다. 장담컨대 나를 둘러싼 동료들 모두 그렇지 않다고 대답할 것이다. 심지어는 패기 가득한 초심자 시절 글이 더 명민하다는 느낌마저 든다.

  입사 후 첫 기획기사를 배정받은 주에 나는 최소한의 개인위생마저 포기할 정도로 얼어붙어 있었다. 나에게 주어진 업무는 영화 〈트립 투 스페인〉을 본 뒤, 이 걸출하게 위트 있는 영국 코미디 단짝의 여행기를 지난 시리즈까지 갈무리해 독자들이 한눈에 파악할 수 있도록 전달하는 일이었다. 나는 그들과 함께 성실히 스페인, 런던, 이탈리아, 그리스로 여행을 떠나기만 하면 됐다. 그러니까 몇 편의 영화들을 꼼꼼히 보고, 인물들의 인터뷰를 읽고, 마이클 윈터바텀 감독의 다른 영화나 비교해 볼 만한 비슷한 장르의 레퍼런스를 조사하는 일에 일단 착수하면 될 것이었다. 같은 주에 나가는 여러 기사들 중 굳이 따지자면 중요도나 주목도가 낮은 축에 속하는 기사였다고도 할 수 있을 것이다. 그런데 그때의 내게는 작은 기사도 들어 올리지 못할 무시무시한 덤벨처럼 무거웠다. 시작도 하지 않았으면서 근력 운동의 마지막 구령 직전같이 포기하고 싶어 죽겠다는 표정을 짓곤 했다. 그러다 겨우 쓰는 동안엔 윽 하고 외마디 신음이 절로 나왔다. 이 반복이 향상시킨 것은 더 잘해내는 능력이 아니라 앞으로도 같은 과정을 지속하는 데 쓰이는 근육이다. 남들 눈에는 잘 보이지 않는다.

원고 마감을 끝내고 마지막 수정까지 마친 《씨네21》 기자들의 표정은 모두 제각각이다. 어찌됐건 '오운완(오늘 운동 완료)'의 심정으로 후련 섭섭한 얼굴을 한 동료가 있고, 목표한 근사치에 도달해 비록 눈가가 퀭하지만 그 위로 형형한 눈동자를 빛내는 동료가 있는가 하면, 이번 주는 '조금 힘이 달렸네' 하는 심정으로 어쩐지 시무룩해 보이는 이도 있다. 내가 땀에 전 채 여전히 몇 번이나 에스컬레이터 방향을 헷갈리곤 하는 그 외로운 상가건물을 돌아 나올 때처럼 말이다. 전보다 나아지기는커녕 퇴화했다는 생각이 드는 날에도 마감은 어김없이 끝난다. 우리가 서로에게 해줄 수 있는 건 찡긋 축하해주거나 적당히 못 본 체하는 일 정도다.

몸과 글은 지독히도 고집스럽다. 지금도 힘겨운 날이면 쩨쩨하게 그 앞에서 계산기를 두드린다. 도대체 뭐가 남는 거냐고. 이 헛수고의 소용은 무엇이냐고. 메아리 대신 천 번 실패한 증거들이 낮은 목소리로 대답해준다.

우리는 아주 느리고 깜짝 놀라울 정도로 비효율적이야.
그러나 분명히 너를 어딘가로 데려가고 있어.

놓아버리기 일보 직전의 순간에 아무렇게나 일단 해내고 보는 사람들과 함께, 나는 실패가 실패를 다독이는 소리를 듣는다. 버거운 반복 속에 한 번 더 있어 보기로 한다. 기꺼이 비명을 지르면서, 도저히 못 하겠다고 매번 새삼스레 엄살 피우면서.

초심자의 경유지
―칸영화제 쉬새기 1

나는 자욱한 아침 안개로 덮인 몽파르나스 공동묘지 위쪽에서 가을과 겨울 한 철씩 살았고, 광활하고 차가운 망자의 숲을 걸어 일하러 갔다. 길은 비어 있었고, 나는 지나치는 모든 것을 들여다보고 낯선 이름들에 잠겨 어지럼증을 느꼈다.•

몽파르나스 묘지 바로 옆에 붙은 호텔에 묵기로 한 것은 오직 이 문장 때문이었다. 나는 설터처럼 아침마다 묘역을 가로지른 뒤 아무 카페에나 들어가서 일하고 싶었다. 서울에서 갈무리하지 못한 업무들(칸에 초청된 경쟁부문 감독들의 이력과 전작을 마저 살피고, 영화제가 시작

• 제임스 설터, 『그때 그곳에서』, 이용재 옮김, 마음산책, 2017, 58쪽.

되면 몰아치는 일정 때문에 웬만해선 내 메일에 답장하지 않을 현지 홍보사들과 인터뷰 조율을 마쳐두는 일)을 제대로 끝내놓지 않으면 안 된다. 분명 비행기에서 스르르 잠들기 전까지 한 생각이었다.

"칸은 처음이지?" "그때가 제일 좋지." "무엇이든 많이 보고 오길!" 몇몇 선배들의 말은 일관되게 칸으로의 첫 장기 출장을 앞둔 초심자의 행운을 독려했다. 현실은 멈추지 않는 주간 마감과 함께 두 개의 굴렁쇠를 굴리듯 준비해야 하는 수많은 출장 중 하나일 뿐이었다. 병상의 아버지는 성큼성큼 죽음을 향해 가고 있었다. 주말에 간병사와 교대를 하고 밀린 메일함을 열면 현지 부동산 중개인인 나데지 씨가 서른 개가 넘는 숙소 사진을 개별 메일로 하나씩 보내놓은 것을 보고 울고 싶어졌다. 출국 전 새벽에 황급히 짐을 쌀 때까지 나는 펼쳐진 슈트 케이스 안에 버거움 대신 호기심이나 감사함의 자리를 마련하려고 부단히 애를 써야만 했다.

꿈속의 나는 칸의 프레스 컨퍼런스에 앉은 기자들이 대체로 나보다 나이가 훨씬 많다는 사실을 알아차리고 의기소침한 상태다. 그중 몇몇은 영화제의 지박령처럼 칸만 수십 년씩 드나들면서 생긴 여유와 일말의 냉소가 묻은 자신만만한 표정을 하고 있다. 곧 장소가 바뀌어

라운드 테이블 인터뷰가 진행될 어느 호텔 객실 내부에 앉아 있는데, 영국 일간지 《가디언》의 영화 담당 수석 기자인 피터 브래드쇼가 들어와 내 옆자리에 앉는다. 곧이어 홍보 담당자로 보이는 여자가 초로의 거장을 우리 앞으로 안내한 뒤 힘차게 말한다. "오늘 켄 로치 감독 인터뷰는 피터와 소미, 두 분만 함께하게 될 거예요. 그럼 시작하시죠!" 기내 식사 카트가 굴러가는 소리와 함께 전등이 켜졌고 나는 식은땀을 흘리며 악몽에서 깨어났다.

칸으로 넘어가기 전 파리에서의 이틀하고도 반나절. "광활하고 차가운 망자의 숲, (…) 지나치는 모든 것을 들여다보고 낯선 이름들에 잠길" 수 있는 그곳에서 아녜스 바르다, 모리스 피알라, 에릭 로메르, 수전 손택, 시몬 드 보부아르의 묘비를 지나치면서 나는 만반의 준비를 할 것이다. 그런 생각을 하면서 택시에서 내렸을 때는 아직 해도 저물지 않은 오후 5시였다.

막상 닥쳐온 것은 이런 풍경이다. 호텔 출입구 옆까지 세력을 뻗친 카페 게테(전형적인 파리의 레스토랑 겸 술집으로 영업시간은 무려 아침 8시부터 새벽 2시까지다) 테라스의 야외 좌석은 단 한 구석도 빈자리가 없이 거대한 유리잔에 담긴 맥주를 들이켜는 손님들로 가득 차 있다.

5월 초입의 금요일에 거리로 쏟아져 나온 사람들, 낮부터 이미 취기가 오른 흥겨운 군중이 뿜어내는 소음은 그리 넓지 않은 골목이 실로 들썩이게끔 어떤 물리적 파장을 일으키고 있다. 아직 창창한 대낮인데도 에드가르 키네 역부터 게테가를 빈틈없이 채우는 카페테리아마다 약속이나 한 듯 네온 핑크나 새빨간 조명을 켜둔 모습이 묘한 공포심을 불러낸다. 어디에도 쓸쓸함은 없다. 흥청망청하는 진동 속에서 나는 양손에 캐리어를 붙잡고 곁에 선 송경원 선배의 눈치를 살핀다. 파리 호텔 선정을 후배의 취향에 일임한 그는 상대를 탓하지 않기 위해 조용히 마음을 다스리는 중인 것 같다. 곧 그가 현실을 담담히 수긍한다. 비평가답게 지정학적 인상의 겹침을 정확히 지적하면서. "우리로 치면 을지로 호프타운, 뭐 그런 곳 같네요." 그러니까 여기서 술을 마실지언정 잠까지 잘 필요는 없지 않나, 하는 탄식이었다.

이어진 밤, 각자의 방에 짐을 풀고 문제의 인근 카페테리아에서 다시 만난 우리는 도저히 2인분이라고는 믿어지지 않는 커다랗고 수북한 파테 접시를 가슴께에 두고서 허기를 채운다. 초여름의 노천 유흥이 주는 위력은 굉장해서, 피로로 노곤해진 이방인의 연한 틈을 금세 파고든다. 팬데믹 2년을 통과한 이후의 풍경이라고는 민어지지 않는 불야성의 한가운데에서 나는 '이대로 몽파르나스 맥주 축제나 취재하고 돌아가면 좋겠다'라고 중얼거린다. 단일 건물로는 파리에서 가장 높은 건물인 몽파르나스 타워가 보이는 좌석에 앉아 그 흉물스러움에 대해서도 생각해본다. 높아봤자 6층 남짓한 파리의 건물들을 사랑하는 파리 사람들이 그 타워에 갖는 냉랭한 반감에 대해서도. 묘지와 죽은 사람들, 펍과 열기, 브루탈리즘 건축과 논쟁들 사이에 무엇보다 깜짝 놀랄 정도로 맛있는 파테 접시 위의 피클들까지 뒤섞여 예기치 못한 결론에 도달하게 된 우리는 수 분 뒤 호텔 로비에서 헤어지면서 계획 변경을 약속한다. 일의 주문에서 풀려나 딱 하루만 도시를 둘러보자고. 새벽녘에 인근 상가의 불이 모두 꺼지자 그제야 숙소 창밖의 어둠은 깊이를 가늠하기 힘들 정도로 무섭게 깊어졌다. 한 블록을 사이에 두고 나란히 누워 있는 수많은 죽은 사람을 되새겼다. 그러나 나는 내일, 시끄럽고 신나게 먹고 마실 수 있는 골목의 부추김을 따라 계획에 없던 생기와 충동 쪽으로 갈 참이다.

다음 날 아침에 선배와 나는 뤽상부르공원에서 기체조를 배우고 있는 지역민들 사이에서 간단히 식사를 해결한 뒤, 한산한 소르본대학 인근을 지나 레오스 카락스

영화 속의 아우라는 좀처럼 찾아보기 힘든 대낮의 퐁네프의 다리를 건넜다. 피노 컬렉션을 시작으로 생퇴스타슈 성당, 팔레 루아얄, 튀일리 가든, 오랑주리 미술관과 에펠탑 근방까지 휘돌듯 걸은 다음에 역행하여 마레 지구에서《씨네21》파리 통신원과 저녁 식사를 했다. 대략의 걸음 수는 4.2만 보. 통신원은 나와 경원 선배가 하루 만에 해치운 경로들을 되짚은 뒤 다소 짠한 눈빛으로 박수를 보내주었다.

 이튿날 영화제 예매가 열렸다. 뤼미에르 대극장에서 하염없이 줄을 서서 선착순으로 입장하던 과거와 달리 칸도 디지털의 수혜를 받아들여 이제는 영화제 개막 전에 홈페이지를 통해 이틀치의 프레스 예매를 연다. 예매 시작 일을 하루 뒤로 착각했던 우리는 와이파이를 찾아 헤매는 절박한 심정으로 인근에 널린 우아한 노천 카페를 마다하고 스타벅스로 부리나케 뛰어들었다. 아침 7시에 열려버린 예매 창을 미친 듯이 클릭하는 일을 시작으로 영화제 업무는 덜컥 시작되고 말았다. 전날 하루를 온전히 산책에 바쳤으므로 모든 업무가 조금씩 더 촉박한 태세로 줄 서 있는데, 그것이 오히려 두려움을 덜어줬다. 질끈 눈 감고 오직 해치우기만 해야 하는 상태일 때만큼은 내게도 보편의 야생동물들이 그런 것처럼 충분한 아드레날린이 나온다.

파리의 수많은 관광지, 그리고 광란의 스타벅스를 끝으로 칸의 경유지인 니스행 비행기에 몸을 실었다. 공항에서 수속을 밟을 때쯤에야 그토록 고대하던 코앞의 몽파르나스 묘지에는 발도 들이지 않았다는 사실을 깨달았다.

쏟아지는 휴양지의 햇살 속에서 낮과 밤의 구분이 무의미해지도록 어두운 극장에 머무는 동안 그 이유를 생각했다. 무덤가의 신성함 대신 관광지의 세속적 번잡함에 시간을 내맡긴 동안 나는 어디로 달아나고 싶었던 걸까.

칸은 지리적으로 길고 먼 여정인 데다 그곳에 도착한 직후부터 2주간 매일 최소 세 편의 영화를 온전히 소화할 것을 주문받는다. 직업인으로서 어이없는 고백이지만, 나는 그것이 무서웠다. 정확히 보는 일은 너무도 잘 해내고 싶은 과제였다. 그 마음을 들여다보려 설터식 무덤 산책을 계획하고는 정작 한눈만 팔다 온 것이었다.

막상 당도한 칸에서 두려움은 내 손아귀를 빠져나갔다. 역시 예상에 없던 일이었다. 분주한 상영 시간표는 무언가를 놓치고 있지는 않은지 전전긍긍하는 사람을 극장 의자에 끌어 앉혀 차분히 다독였다. 어떤 영화에는 순응했고 어떤 영화와는 싸우다 지쳐 나왔지만 연연할 새는 없었다. 이야기와 이미지의 거대한 무덤을 드나드는 순례자들이 모인 곳에서 내가 느낀 최초의 긍정적인 감상은 행복이나 희열 이전에 변하지 않는 영화의 예술적 본질을 마주하는 안도에 가까웠다. 해변을 따라 늘어선 파티 부스에서 빠져나와 극장에 앉을 때마다 매번, 어김없이 그렇게 느꼈다.

설터의 몽파르나스 공동묘지 산책은 망자들의 땅에서 소멸이 아닌 재생의 아름다움으로 향한다. 묘역의 주인들은 잠든 지 오래고 심지어 길도 텅 비어 있는데 설터는 "지나치게 모든 것을 들여다보"았다고 썼다. 그 연유를 궁금해하면서 딴에는 영화 보기와 모종의 접합 지점을 발견하고, 여차하면 초심자(이자 여행자)를 위한 계시가 있기를 기대한 것이 내가 꾼 백일몽이었다. 칸에서 하루에 세 편씩 매일 극장에 앉아 영화를 보는 동안 성취되지 못한 계획이 마음에 걸릴 때면 영화의 운명을 죽음에 빗댔던 로베르 브레송의 말을 함께 떠올렸다. 영화는 먼저 종이(시나리오) 위에서 한 번 죽임을 당했다가 배우, 카메라, 미술이 적소에서 제 기능을 하는 촬영 현장에서 소생한다. 그다음 영화는 필름이란 물질에 포섭되는 과정 중에 또 한 번 죽임을 당했다가 편집실에서 편집을 통해 다시 소생한다. 우리가 보는 영화는 이미 몇 번 죽은 영화다. 상영관이 제각기 개별적이고도 거대한 무덤이라면 그 "광활하고 차가운 망자의 숲"에서 어지럼증을 느낄 정도로 떠도는 이가 관객이다. 생각이 이렇게 흐르자, 떠나는 비행기 안에서 설터식 묘지 산책의 미덕을 상상적으로 산출할 때 내가 놓쳤던 가장 중요한 관념 하나가 빛을 낸다. 죽음이 아니라 부활이 거기 함께 있다는 것. 우리가 보는 모든 영화는 이미 몇 번 부활한 영화다. 한참 전에 쓰이고 찍힌 빛과 그림자, 오래 전에 죽은 사람들을 응시하는 관객 역시 부활에 일조하고 있다. 낯선 묘비의 이름은 그렇게 계속 되살아나고, 한 상영관의 엔딩크레디트가 채 끝나기도 전에 뛰어 들어간 다른 상영관에선 새 영화가 어김없이 태어난다.

살아 있는 사람의 부끄러운 실수

　대개의 실수는 실수로 끝난다. 실수로 말미암아 벌어진 전화위복의 사례들은 주로 과학계에서 벌어지는 '유레카' 모먼트에서나 찾을 법하고, 시시한 교훈이라도 얻으면 그나마 다행이다. 상당수의 실수는 회피하고 싶은 감정이나 내가 끼친 손해들로 귀결된다. 아주 드문 경우를 제외하고는.

　실수에 관한 가장 훌륭한 대처는 발생한 즉시 이를 고백하고, 사과한 뒤, 확실한 조치를 취하는 것이다. 울고 싶다면 집으로 돌아가는 길에 잠깐 우는 것쯤이야 별일 아니다. 그러거나 말거나 밤에는 재발 방지를 위한 조용한 주지의 시간을 가진 뒤 수면의 위력을 믿어야 한다. 현대 심리학에서는 이걸 회복탄력성이라고 부른다지만 애초에 우리의 정신적 지지대가 팽팽하리라 전제하는 이 탄력적 명칭은 어딘지 부담스럽다. 실수를 저지른 그날 밤 잘 잠들기만 해도 다행일 텐데!

실수에 관해 곱씹게 된 건 얼마 전 내가 영화기자라는 직업을 가진 이래 가장 큰 실수를 했기 때문이다. 시간이 지나면 어느 때쯤 웃어넘길 수 있으리라 생각되는 실수 같은 것이 아니라 그저 명백한 오점, 실례, 자신의 부주의와 어리석음을 힐난하는 마음까지도 수습할 길이 없는 불가역의 사건.

세월호 10주기 특집호를 준비하는 과정에서 일어난 일이다. 그동안 4·16재단의 문화콘텐츠 공모전을 오랫동안 취재해온 나는 특집의 주무를 맡아 기사들을 꾸렸다. 그 사이 잡지의 구성원들도 조금씩 변화해 어느덧 나와 함께 일하는 동료들 중에는 세월호 참사 희생자들을 자신의 또래로 기억하는 1997년생 기자들이 생겼다. 매년 4월이면 하나둘 개봉하는 세월호 관련 영화들을 꾸준히 소개해오긴 했어도 10주기 기사를 준비하는 마음은 전과 다를 수밖에 없었다. 지난 10년간 등장한 세월호 영화들을 그러모아 당사자와 비당사자, 생존자와 예술가들이 슬픔을 기억하기 위해 노력한 발걸음들을 40매 분량의 리포트로 조명했다. 세월호 10주기 영화 옴니버스 프로젝트를 이끈 미디어 액티비즘 집단 연분홍치마의 김일란 총괄 프로듀서(용산 참사를 다룬 다큐멘터리 〈공동정범〉의 감독)와 참사 직후부터 직접 카메라를 들고 모은 10년간의 영상들을 재구성한 예진 아버지 문종택 감독, 그와 의기투합한 김환태 감독 등도 지면에 초대했다.

특집의 마지막 순서가 우리의 고민이었다. 운동의 언어와 비평적 분석으로 치환되지 않는 정서를 남기고 싶었다. 시집 『나는 오래된 거리처럼 너를 사랑하고』에서 시 「그날 이후」 「천칭자리 위에서 스무 살이 된 예은에게」를 남겼던 진은영 시인의 목소리를 빌리기로 한 것은 그래서였다. 시인은 참사가 발생하고 얼마 지나지 않은 2014년 가을부터 "우리의 연민은 정오의 그림자처럼 짧고, 우리의 수치심은 자정의 그림자처럼 길다"라고 고백하지 않았던가. 10년 사이에 우리가 어떻게 이 참사의 기억과 더 긴밀히 연루된 삶을 살고 있는지 그의 목소리가 들려주리라.

영화잡지를 만들면서 시인에게 시를 청탁하는 일은 처음이었다. 나는 어쩔 줄 모르는 채로 메일을 썼고, 진은영 시인은 흔쾌히 시를 보내겠노라고 했다. 그 무렵

* 진은영 외, 『눈먼 자들의 국가』, 문학동네, 2014, 71쪽.

말수가 적은 옆자리의 막내 기자가 혼잣말처럼 고충을 털어놓았다. "선배, 요즘 내내 세월호 영화들을 봤더니 밤마다 악몽을 꿔요." 마찬가지였지만 뭐라 대꾸하기가 힘들었다. 열흘 가까이 하루에 두어 편씩 세월호 관련 다큐멘터리를 보는 동안 나는 나도 모르는 사이 스스로를 방어하고 있었다. 특정 장면은 실눈을 뜨고 보거나 종종 외면하는 식으로. 모든 것을 정면으로 마주하기가 버거웠다. 돌이켜 보면 그때부터였다. 쓰는 사람으로서의 내 자격 문제나 그로 인한 고통으로부터 회피하려다 무언가 놓치기 시작한 것은.

청탁한 지 2주가 지나 「10년 동안」이라는 시가 내 메일함에 도착했다. 데스크의 반응도 좋았다. 지면에 얹고 나서 그제야 한숨을 돌렸다.

그녀는 왜 술을 마시지
슬픈 하늘에서
궁전 지붕 모양의 빗방울이 떨어지는 걸 보려고
(…)

구조를 기다리듯
솟아오르는 내 얼굴

―「10년 동안」에서

 슬픔의 취기를 불러낸 시인은, 뜻밖에도 시작詩作 노트까지 함께 보내주었다. 거기에는 "술"로 시를 시작하게 된 까닭이 적혀 있었다. 진은영 시인은 이 시가 세월호 참사 희생자 학생의 엄마 P를 만난 후 쓴 시임을 분명히 적어둔다. "그녀는 내게 술을 마신다고 말한 적이 없다. 혹여 술을 마시고 싶어도 그럴 짬이 나지 않았을 것이다. 매일 직장에 나가고 저녁에는 희생자 유가족이 모이는 기도회나 모임에 참석하고 남은 시간 틈틈이 집안일을 한다고 했다." 마지막 문단에서 시인의 말은 이렇게 끝난다. "10년 동안 누군가는 합창단에서 노래를 부르며, 다른 누군가는 연극 대본을 외우며, 또는 다큐멘터리 영상 필름을 매만지며 예술의 취기 속에서 아이와 만났다. 신앙심이 깊은 P는 예배를 드리며 기도 속에서 아이와 만난다고, 또 아이와 함께 세상을 바꾸기를 원한다고 했다. 그녀가 무언가 마시고 있는 모습이 떠오른 것은 그래서였는지 모른다."

 잡지 제작을 마친 목요일 밤 나는 아주 오랜만에 기묘한 후련함을 느꼈다. 그건 손톱만큼이라도 세상에 보탬이 되는 기사를 썼다는 자부심 같은 것이기도 했다. 며칠 뒤 인쇄소에서 출고된 실물 잡지가 진은영 시인의 집으로 향하고 있는 중이었고 온라인 기사는 막 웹에 풀린 어느 저녁에 "시작 노트가 반만 실렸다"는 시인의 메시지를 받기 전까지 나는 태평했다. 아직도 잊기 힘든 것은 누구보다도 당혹스러웠을 시인이 그 와중에 보여준 타인의 사정을 헤아리는 마음이다. 그는 시작 노트가 너무 길어 편집진이 임의로 자른 것인지 정중히 묻고 있었다.

원고가 담긴 파일을 다시 열었다. 처음 내가 보았던 그대로 시와 시작 노트가 A4용지 한 페이지에 꼭 맞게 채워져 있었다. 그리고 마침내 스크롤을 한 번 더 내린 후에야, 나는 두 번째 페이지가 남아 있다는 사실을 알게 됐다. 잡지에 실린 시작 노트와 거의 동일한 분량의 글이 한 문단 더 적혀 있었다. 너무 아름다워서 내가 오래도록 곱씹은 그 시작 노트는 절반에 불과했던 것이다.

나는 시인의 글을 반쪽짜리로 지면에 실었고 그 시는 희생자 어머니와의 만남으로부터 짓게 된 세월호 10주기 추모 시였다. 부끄럽고 절박한 수습의 시간들이 이어졌다.

편집장은 새 마감 호에 시와 시작 노트를 다시 싣기

로 결정했다. 다음 날 오후 무렵 내가 사무실 복도를 불안하게 서성이고 있을 때 편집팀장은 편집장의 결정이 조금 놀랍다는 얼굴로 나를 붙잡았다. "아무리 큰 편집 사고래도 이런 경우는 거의 없지. 똑같은 원고를 그대로 한 번 더 싣는 건……." 친절한 그는 '거의 없다'고 말했지만 사실상 처음인 것 같았다.

온전한 시작 노트가 담긴 버전으로 한 번 더 글이 실린다는 소식을 더듬더듬 전하자 진은영 시인으로부터 곧바로 답이 날아왔다.

"김 기자님. 괜찮습니다! 10년이 지나도 견디기 힘든 일이라서 그래요."

그는 나의 황당한 부주의를 "10년이 지나도 견디기 힘든 일" 앞에서 튀어나온 어떤 슬픔으로 바꿔 말해주었다. 얼마 뒤 시인은 한 일간지에 기고했던 글의 웹 링크를 내게 전송했다. 글의 제목은 「실수」*다.

이 글에서 시인이 호출한 것은 비스와바 쉼보르스카

---

* 진은영, 「[진은영의 詩로 여는 아침] 실수」, 한국일보, 2012년 1월 25일.

의 시다. 밤 12시, 미술관에 전화벨이 울린다. 고색창연한 왕실화 속 오래전에 죽은 얼굴들은 대답이 없다. 쩌렁쩌렁 울리는 벨소리가 얼마나 소란스럽든 상관없이. 시는 어떤 이가 미술관에 전화를 잘못 건 줄은 꿈에도 모른 채 "꽤나 오랫동안 수화기를 관자놀이에 갖다 대고 있는 순진하기 짝이 없는 누군가가 존재한다는 사실"을 이야기한다. 이어서 쉼보르스카의 부드러운 미소가 떠오른다. "하지만 그는 엄연히 살아 있다. 그래서 실수를 저지르는 것이다."

같은 글에서 진은영 시인의 마무리는 이렇다. "그토록 어리석었던 우리의 청춘, 무수한 실수들도 웃으며 떠올려주세요. 모두가 엄연히 살아 있어서 그래요."

며칠 동안 나는 진은영 시인과 4·16재단 관계자와 희생자 학부모에게 편지를 쓰거나 전화를 하고, 잡지를 다시 부치고, 변명과 참회가 섞인 긴 말들을 늘어놓다가 역부족임을 깨닫는 시간을 보냈다. 그동안 나를 부끄럽게 한 것은 시인의 지적대로 내가 살아 있다는 사실이었다. 실수에 대해 신경이 쓰일 때마다 배가 아렸다. 살아 있어서일 것이다. 엄연히 살아 있어야 마땅한데 살아 있지 않은 아이들에 관한 눈물을 차곡차곡 모아온 시인은 살아 있는 내가 저지른 실수마저 쓰다듬어주었다.

시인의 온전한 시작 노트엔 "10년 동안 몸조차 가눌 수 없는 파도에 맞서면서도 세월호 가족들은 무엇을 해야 할지 어디로 향해야 할지 정확히 배웠"다고 쓰여 있다. "우리가 승선한 배의 물 새는 구멍으로 그들이 가장 먼저 달려가, 물이 들어온다고, 반드시 막아야 한다고 외치고 있"다고. 다시 말해 우리는 한배를 타고 있다. 갑판 위에 선 시인은, 미약한 데다 실수까지 저지른 어느 기록자에게까지 너그럽게 손 흔든다. 여전히 도처에 있는 물 새는 구멍으로 달려와 같이 소리치는 사람(혹은 그들을 기억하는 사람)이 되자는 손짓 같기도 하다. 살아 있는 나는 당신들의 너그러움 앞에서 다음을 기약하는 것이 한없이 부끄러워졌다.

구워지고 식혀지기

 화면 앞에서는 때로 글을 쓴다기보다 운을 모으는 심정이다. 백지 위에 뚱딴지같은 소리를 끄적거리다 유유히 딴짓하고, '이럴 거면 왜 앉아 있지' 하고 되묻는 나날들. 나는 점점 볼품없어지는 엉덩이와 영화의 꼬리를 붙잡고 늘어지고 싶은 욕망을 맞바꾼다. 공평한 교환인가? 내심 억울하다.

 쓰는 사람을 방해하는 것들은 차고 넘치게 많다. 켈리 라이카트 감독의 영화 〈쇼잉 업〉 속 리지(미셸 윌리엄스 분)의 고군분투가 좋은 예다. 마감을 앞둔 예술가 리지의 하루는 찬란한 날씨에 반비례해 자주 맥없이 고꾸라진다. 고양이 사료는 왜 마감 직전에 똑 떨어지고 마는 건지. 비둘기가 갑자기 내 집 창문 안으로 날아들 확률은? 한 번이라도 자타에 의해 부과된 마감 의식을 통과한 이라면 〈쇼잉 업〉의 조각가에게 자신을 투영하는 일이 어렵지 않다. 코앞에 닥친 전시회 때문에 온몸의 솜털까지 곤두선, 하지만 짐짓 바보 같은 표정으로 눈앞의 세라믹을 주무를 도리밖엔 없는 사람들. 켈리 라이카트의 카메라가 오리건주 포틀랜드의 실제를 정확히 사랑하고 있기 때문에 가능했을 그 생생함의 밀도 역시 우리 자신을 더욱 대입하게 만든다. 모종의 이유를 조합해가며 나는 〈쇼잉 업〉을 마감 노동자를 위한 정전으로 삼기로 한다. 일상이 비틀거리는 국면마다 양분을 흡수하듯 먹어치우고 싶은 영화가 있다. 내게는 〈쇼잉 업〉이 그렇게 적시에 도착한 것이다.

'작업자를 위한 영화'로서 〈쇼잉 업〉이 지시하는 확실한 깨달음은, 우리를 몰두하게 하고 지속하게 하는 힘의 원천이 일종의 놓아버림을 요구한다는 역설이다. 구시렁거리고 탐탁잖아 하면서 예정에 없던 귀찮은 일과를 소화할 때, 곧 끊어질 듯 팽팽했던 마음의 현은 슬며시 느슨해진다. 리지가 다친 비둘기를 데리고 동물병원에 가야만 하는 시간처럼. 시련의 패턴은 세라믹 도자의 무늬같이 이내 확장된다. 제아무리 공들여 빚었다 한들 한번 가마에 들어간 작품의 운명까지 통제할 수는 없는 상황을 주인공은 감내해야 한다. 휘고 타버린 조각을 향해 누군가는 '아름답다'고 한다. 진실을 받아들이려면 조각만큼 사람도 함께 구워져야 하는 것일지 모른다.

손가락 밖으로 삶이 새어 나가는 역부족 속에서 나는 종종 〈쇼잉 업〉의 전시회 장면을 떠올리려고 노력한다. 조용한 구도자인 켈리 라이카트 감독은 평가와 인정의 무대에 따르는 두려움에 관해 이 종장에서 소박한 해답을 내놓는다.

리지는 작업을 다 마친 것만으로는 충족되지 않는 공허함과 잡다한 걱정들로 혼란스럽다. 그의 앞에서 사람들은 자기 방식대로 보고, 평가하고, 떠난다. 정서 불안이 극심한 남동생 션(존 마가로 분)은 곧 조각을 깨뜨릴 것처럼 휘청휘청 걸어 다니면서 접대용 음식을 혼자 먹어치우고 있다. 정말이지 볼썽사납다. 리지가 전시회를 통제할 수 없다고 느껴갈 때쯤, 영화 초입에 그의 집을 불시에 침입했던 다친 비둘기도 전시회장 구석에서 함께 꿈틀거린다. 곧이어 붕대가 풀린 비둘기는 상자에서 나와 예상치 못한 날갯짓으로 비상한다. 잠시 실내의 소동을 일으킨 뒤 비둘기는 완전히 화면에서 사라진다. 홀가분한 해방이다. 리지가 신기하게 바라보는 상공에는 이제 어디에도 비둘기의 흔적이 보이지 않는다.

다시 운을 모으는 자세로 흰색 화면을 응시하는 내 책상 앞에 돌아오자. 이곳엔 오리곤예술공예대학의 예술적인 캠퍼스도 없고 방충망을 뚫고 비둘기가 내 앞까지 당도할 일은 더더욱 없다. 잘나가는 예술가 조(홍 차우 분)처럼 나를 신경 쓰이게 하는 사람들은 옆집이 아니라 SNS에 있다. 그렇다면 어떻게, 무엇을 놓아버릴 수 있을까? 노트북을 가마에 구울 순 없으니 말이다. 내가 고안한 방법은 가상의 글쓰기 자조 모임이다. 수많은 미국영화의 대리 체험을 통해 습득했다. 다수의 낯설고 불편한 일원들이 서로 공을 주고받으며 간신히 자신에 관해 입을 떼는 것이다. 가상의 리지와 조, 션까지 초대해 모니터 앞에서 모임을 대신하기로 한다.

넌 누구야? 어디서 왔어?

무슨 말이 하고 싶어?

왜 이렇게 좋은 날씨에 굳이 글을 쓰려는 거지?

이 글이 읽히길 바라? 아니면 비밀스러운 기록으로 남기고 싶어?

혼자 관점을 좀 더 다듬어야 할까? 더 조사하고 취재를 하는 게 좋을까?

이미 전에 나온 이야기 같은데 어떻게 생각해?

내가 감히 이런 말을 얹어도 될까?

오지 않는 비둘기를 기다리며 투명한 공을 주고받다 보면 어느새 나를 감싼 생각의 가마가 서서히 온도를 높인다. 표정은 조금 부루퉁하고 실로 마음도 그래서, 누군가 건드리면 예민한 말씨가 숨겨지지 않을 수도 있는 상태다. 그럼에도 웅크리고 가마 안으로 들어간다. 일단 구워지기 시작하면, 안심이다. 이렇게 나온 글들은 마음의 표면장력을 뚫고 흘러나온 진액 같아서 내 계획에 없었던 어조가 튀어나오기도 하고 이상한 무늬와 그을음을 담고 있기도 하다. 한 편의 글 안에서 관점을 유지하면서 결승선까지 달려간다는 건 결국 정확한 온도까지 도달해 최대한 그것을 유지하는 일, 그 가운데 발생하는 신기한 무늬를 받아들이는 일이다.

매주 내 글을 꼼꼼히 뜯어 읽는 누군가(a.k.a 교열·편집기자, 편집장)가 있다. 이들의 조력과 격려, 그리고 때때로의 용인은 나로 하여금 깨지거나 의도와 달라진 결과물을 받아들이게 했다. 기자 생활을 시작한 뒤 처음 2~3년을 돌아보면 목요일의 기억이 흐릿하다. 디자인까지 마친 종이 대장이 최종 출력되어 내 앞에 도착하면 지하철 막차를 타고 집에 돌아갈 시간이었다. 잘 빚은 도자기처럼 튼튼한 일의 근력이 아니라 내몰리듯 쫓기는 사람의 아드레날린으로 겨우 결승선을 통과했다고 생각하면서 짧은 보람과 훨씬 긴 우울을 안고 퇴근하는 날들을 보냈다.

  과정상의 표면은 지금도 변함없다. 다만 나는 이제 다가오는 주간지 마감을 생활의 일부로 받아들인다. 온갖 방해꾼들, 과정과 결과를 둘러싼 총체적인 불완전함에도 불구하고 다음 목요일이 돌아온다는 것만은 확실한 사실이다. 그 예정된 출현 앞에서는 홀로 가마에 들어가는 일도, 그 가마를 옷장 속에 잠시 넣어두고 세상 밖으로 나가는 일도 한결 홀가분해진다.

외롭고 씩씩한 모임

직업 세계에 본격적으로 입문하기 전에는 그다지 그려보지 못했지만 어느새 나의 역할 중 하나로 자리 잡은 일이 있다. 극장에서 영화에 관해 '말'하는 일이다. 이 일은 쓰는 직업에 필요한 것과는 별도의 성격을 요할 때가 잦다. 드물지 않게 주말의 일상을 반납하는 문제와도 결부돼 있다.

영화를 말로도 소화해보기로 한 영화기자나 평론가들은 곧잘 혼란에 빠지기 쉽다. 무대에 서서 영화를 비평할 수 있을까? 그럴 수 없다면 교감하는 정도가 최선일까? 정보 전달은 얼마나 하는 것이 좋을까? 청중이 어떻든 나다우면 그만일까? 혹은 정반대? 현장의 말하기에 요구되는 최소한의 격식과 매너, 그리고 이른바 '분위기'의 문제는 또 어떻게 고려해야만 하는지?

이런 고민을 하는 나는 모더레이터로서의 자아를 신

경 쓰고 있다. 사전적 의미에서 모더레이터는 좌담회의 질서를 유지하면서 의제를 이끌고 참석자들의 발언 기회를 고르게 조율하는 역할, 궁극적으로 청중에 명료한 논의를 전달하는 존재다. 극장에서의 모더레이터는 영화, 영화인, 그리고 관객 사이의 매개자로서 정서적인 호흡에 보다 내밀하게 관여한다.

내 옆의 '게스트'가 오늘 논할 영화의 직접적인 관계자일 수 있지만 전혀 상관없는 인물일 때도 많은데 같은 영화라도 이 대목에서 질문의 범위와 방향은 완전히 달라진다. 가장 까다로운 건, 작품에 대한 관심보다 참석자를 보기 위한 청중의 열망이 짙은 경우다.

발화자로서 나 자신을 촘촘히 들여다볼 필요도 있다. 말할 때 유독 부각되는 습관이나 나도 모르게 튀어나오는 욕망이 사사로운 골칫거리다. 예컨대 이런 것들.

—직업의식 a.k.a '영화기자라면 적어도 이런 말을 꺼내야 하지 않을까?' 하는 엄숙한 의무감
—게스트를 향한 진짜 호감의 정도
—나의 앎을 증명받고 싶은 인정욕구
—실컷 떠들고 싶지만 청중은 별로 관심 없는 것들 (약간은 오타쿠적인)

—침묵이나 딱딱한 분위기를 무마하려 게스트를 지나치게 칭찬하거나 실없는 말 하기

　실상은 매우 간단할 수도 있다. 대다수의 관객은 그저 게스트를 직접 대면하고 싶을 뿐이라고. 이런 갖가지 심리적 불순물들을 체에 받쳐 걸러내는 일은 경미한 자기 혐오를 동반한다. 그럴 때면 언제나 글쓰기로 돌아가고 싶어진다.
　나는 적절한 질문의 탄성에 힘입어 대화가 모종의 완결성을 띠길 희망한다. 밀도 높은 대화가 이어질 때 생겨나는 예측 불가의 효과들이 작동해 마이크를 쥔 게스트와 청중이 자신의 잠재력을 발휘하는 순간을 기다린다.

　에세이 『우정 도둑』을 쓴 유지혜 작가를 만나 여섯 살 프랑스 소녀가 카보베르데섬 출신의 보모와 겪는 첫 이별에 관한 성장담 〈클레오의 세계〉를 보고 대화를 주고받은 적 있다. 씨네큐브 1관을 가득 채운 관객들이 다정한 눈빛으로 분위기를 돋운 자리였다. 유지혜 작가는 섬세함과 무구함이 두루 깃든 목소리로 이바라시 노리코의 시 「행방불명의 시간」을 꺼내 읽었다. 극장 속으로

잠적해 더 자주 행방불명자가 되어보자는 흰 눈 같은 다짐이 에세이스트와 나눈 끝인사가 되었다. 바깥은 새해였고 우리 모두에게 박수라도 쳐주는 것처럼 함박눈이 펑펑 내렸다.

새벽 1시. 갑자기 연속적으로 휴대폰에서 진동이 울린다. 낯선 사람에게서 온 문자다. 혹시 무슨 안 좋은 일이 생긴 건 아닐까? 나는 얼른 메시지창을 열어본다.

카카오톡 오픈 채팅방에 누군가 남긴 말. "혹시 여기에 대답해주실 수 있는 분 계실까요? 의견이 너무 궁금해요." 〈클레오의 세계〉 GV가 끝난 후 오픈 채팅방을 나오지 않고 있었던 것이다.

팬데믹이 끌어당긴 GV의 새로운 풍경 중에는 카카오톡 오픈 채팅방이 있다. 마이크 하나를 돌려 쓰는 것이 공중보건의 위협으로 낙인 찍힌 후 도입된 오픈 채팅방 시스템은 의외로 몇 가지 효용을 입증했다. 구태여 손을 들고 일어서서 무언가 질문하길 꺼렸던 내향형 관객이 보다 편히 자신의 목소리를 낼 수 있게 된 것, 모더레이터가 양질의 질문을 선별해 제한 시간 내 가급적 다양한 상호작용을 만들 수 있다는 점 등이다.

그날 밤, 한 사람이 우리에게 말을 걸어왔다. 각별히 용기를 낸 사람일까, 아니면 오히려 조금 태평한 이일까. 그건 중요치 않다. '춤추는 라이언'은 행사 중에 내가 소개하지 않았던 질문 하나를 가리켰다. 나는 아닌 밤중에 책장 정리를 하다 말고 자리에 멈춰 서서 스크롤을 한참 올려봤다.

저녁 7시 30분. 춤추는 라이언.
"유년기에 사랑을 많이 받지 못한 사람은 커서 어떤 방식으로 사랑을 주고받을 수 있을까요?"

채팅방에 동시다발적으로 올라오는 질문들을 빠르게 스케치하는 동안 이 질문을 읽었던 기억이 정확히 떠올랐다. 왜 이 질문을 소개하지 않았는지도.

나는 영화 상영 후의 토크가 관객 앞에 놓인 매체 본연으로 다가가는 움직임의 일환이기를 바란다. 영화의 감흥이 삶의 인사이트를 수집하는 실용적이고 치유적인 행위 밖으로 확장되길 바란다. 무엇보다 게스트와 관객 간 대화가 상담의 형식으로 소급되지 않길 바란다. 이유는 간단하다. 함께 본 영화가 막 끝난 직후에 이야기 나눌 수 있는 집단, 살아 숨 쉬는 장면의 생생함을 다 함께 끌어안은 집단의 역량을 최대한 누리고자 함이다.

물론 이런 내 바람은 자의적이다. 어느 간절한 질문이

모더레이터 한 사람의 (고집이라 불러도 좋을) 가치관에 의해 대답받지 못했던 이유를 자문하는 동안 채팅창은 스스로 움직였다.

놀라서 현재 시각을 다시 확인한다. 새벽 1시 25분. 누군가의 깊은 잠을 깨운 외롭고 슬픈 사람의 메시지에 말없이 나가기 버튼을 누르거나 무응답으로 일관해도 이상하지 않은 밤이다. 그러나 어떤 이유에서든 채팅방에 여전히 남아 있는 150명 남짓한 이들 중 스무 명이 훌쩍 넘는 사람들이 저마다의 답장을 띄운다. 그들은 최선을 다해서 자신이 본 영화를, 각자가 기억하는 유년 시절의 사랑을, '클레오의 세계'를 말한다. 짧게는 영혼을 달래는 음악 링크 한 줄을 보낸 사람도 있고, 길게는 메시지창을 한 번 더 클릭해야만 전문을 다 볼 수 있을 정도의 줄글을 쓴 사람도 보인다.

오픈 채팅방 시대의 편지 혹은 교환일기를 읽으며 나는 한참이나 방을 서성거렸다.

대화의 참여자들을 선량하다고 정의하는 건 쉬운 일이다. 하지만 이날 밤 사람들을 움직이게 한 역학을 좀 더 낱낱이 정의하고 싶다. 이 대화의 '방'에 남아 있는 것만으로 누군가는 위안을 얻고 연결의 실마리를 모색했다. 그 힘의 원천은 오늘 자신이 내뱉은 말들의 불완전함이 못마땅한 나머지 닫힌 방 안에서 하염없이 책장의 정렬이나 맞추고 있었던 내가 과소평가한 무엇이다. 오늘 저녁에 우리가 함께 본 영화의 감정을 공유하고 있다는 사실. 너무나 당연하고 뼈저린 사실.

형식과 이야기, 미학과 감정 사이에서 가능한 한 균형을 잡고 싶은 직업적 바람은 종종 인간의 생생한 반응을, 살아 있는 눈물이나 투박한 흥분을 등한시하게 한다. 평가자라는 내면을 흡수한 이 직업은 아집에 빠지기 쉽다. 잊지 말아야 할 명제를 자주 일깨워주는 관객들이 코앞에 있다는 것은 그러므로 대단한 행운이다. 모든 영화는 감상되기 위해 만들어지며 영화의 존재 이유를 누구보다도 충실히 수호하는 쪽은 항상 관객이다.

관객들은 맨몸이 아니다. 그들은 횃불처럼 환한 저마다의 탐구력, 사적 역사, 지적 호기심, 문제의식을 갖고 있을 뿐 아니라 도통 하나로 수렴되지 않을 만큼 분열된 역사의 소유자들이다. 오픈 채팅방에서든 마이크 앞에서든 타인에게 도통 닿기 힘든 복잡한 원체험과 해묵은 트라우마도 모두 그들 각자의 것이다. 이 직업은 각자의 것이 잠시 공동의 것으로 교류되는 순간의 난감함과 희열 모두 일의 일부라고 인정할 때 제자리를 찾는다.

스크린을 등지고 객석을 향해 선 사람에게 관객은 어느새 심장과 가까워진 목소리를 들려준다. 범람하는 영화 행사가 낳는 일말의 부작용에도 불구하고 진실한 감정은 때로 선물처럼 남는다. 한 편의 영화로 모인 낯선 타인들에게 새벽녘 도움을 청하는 사람과 그에게 응답하는 사람들이 있는 한 극장은 유지될 것이라고 낙관해보고 싶다. 그리고 나는 극장에서 못다 한 말을 이어나가고 싶은 사람들이 휴대폰을 두드리는 소리를 구령 삼아 닫힌 내 방에서 열린 방으로 나아간다. 채팅창 알람은 새벽 2시가 넘어갈 때까지 잦아들지 않는다.

엉성하게 치밀하게

  나는 초심자인가, 숙련자인가. 아니면 애매한 중간자? 인생에서 일을 진지하게 생각하는 사람이라면 한 번쯤 빠지게 되는 고민이다. "이쯤 되면 더 잘 써야 하지 않아?" 혹은 "이쯤 되면 이 정도는 쉽게 써야 하지 않아?" 하고 되돌아오는 메아리. 한 분야에 웅크리고 있는 사람이 어느 분기점에 이르면 스스로에게 던질 수밖에 없는 질문이자 자기 의심의 또 다른 형태다.

  완벽주의의 망령이 경력이라는 옷을 입고 진화해 새로운 질문들을 쏟아내자 당황스러웠다. 그 무렵 조직에선 덜컥 팀장이 됐다. 실수가 미담이 되고 실패가 경험치로 인정받던 시절은 끝났다고 밤마다 두려움이 속삭였다. 목소리는 아침까지 따라붙어 출근하는 지하철 정거장마다 끈질기게 타고 내리길 반복했다.

  주간지의 리듬은 좀처럼 업력이 '쌓인다'는 체감을 갖

기 어렵게 한다. 나는 매번 새로운 영화 앞에서 새롭게 배운다. 언론배급시사회와 영화제에서 보는 모든 영화는 '처음 보는 영화'이고 매주 한 작품을 익힌 뒤 떠나보낸다. 영화가 전문 분야일지는 모르나 영화로 총칭되는 모든 개별 작품 앞에서 나는 평생 초보이다. 가끔은 열심히 땅을 고르고 씨를 뿌린 뒤 겨우 솟은 잎사귀 하나를 수확하고는 다음 밭으로 넘어가는 것 같은 미진한 기분이 든다. 영화를 비롯한 예술 분야의 저널리즘 종사자들에게 매번 자리를 옮겨 다니는 정원사의 감각은 숙명일지 모른다. 비평가라면 자신이 선호하는 분석의 도구를 작품의 패러다임에 융합해 지속적으로 의제를 확장해나갈 수 있지만 기자의 사정은 조금 다르다. 멈추어 사유하고 싶어도 신작과 신작 사이를 유목하는 이유는 시의성이라는 과제에 응답하기 위해서이다. 문제는 그 흐름 속에서 끊임없이 관점을 재조정하는 일이 매체 일반을 종합하는 기쁨보다 피로와 공허 가까이 기우는 시기다.

"선배, 저 못 하겠습니다." 불 꺼진 회의실에 앉아서 편집장에게 위기감을 있는 그대로 꺼내 보인 것은 그때가 처음이었다. 나는 다짜고짜 일을 그만둬야 할 것 같다고 했다. 편집장은 한숨을 내쉬더니 일단 쉬고 오라

했다. 한 달. 처음으로 회사에서 한 달 휴가를 받았다. 구겨지고 찌그러진 마음가짐을 한 달 안에 다림질한다는 게 요원한 기대인 줄 알면서도 덥석 기회를 붙잡는 어리석은 사람이 나였다.

출장이 아닌 여행의 형태를 거의 잊어버린 내게 친구들이 제주도 여행을 제안했다. 한때 함께 영화를 만들던 네 명이 모여 제주로 떠났다. 이유는 저마다 다를지 몰라도 지친 마음의 자태만큼은 제법 비슷한 사람들끼리의 동행이었다. 작은 렌터카 하나. 배낭 하나로 충분한 짐. 한 달 휴가 같은 게 없대도 연차를 하루쯤 붙이면 언제든 실행 가능한 3박 4일 일정. 이렇게 간단한 것을 나는 이제야! 담력과 체력이 고루 부족한 워커홀릭의 들쩍지근한 자조를 뒷좌석에 실은 차는 남쪽으로, 남쪽으로 달려갔다.

그 여행이 어떻게 흘러갔는지 돌아보자면 좋았던 순간은 한없이 많다. 모퉁이마다 도사린 바다를 놓칠세라 촘촘한 계획대로 움직이느라 제주에서도 여전히 바빴다. 그러다 덜컥 멈춰 선 건 뜻밖의 만남 때문이었다.

시작은 순전히 H의 권유였다. 꼭 가보고 싶은 정원이 있다고 했다. 베케. 그럴싸한 영문 이름 같지만 밭의 경계에 아무렇게나 쌓아둔 돌무더기를 일컫는 제주방언이다. 지도를 뒤적여보니 언젠가 저장해둔 곳이었다. 카페인 줄 알았던 공간은 우리가 찾은 무렵에 거대한 정원이자 뮤지엄으로 변모해 있었다. 둘러보려면 꽤 넉넉한 시간과 체력을 요할 게 분명했는데, 도시의 잔여물을 온전히 떨치지 못한 네 명의 여행객은 의지와 달리 이미 조금 지친 상태였다. 미로처럼 은밀히 구획된 정원마다 각자의 사생활을 뽐내는 식물들을 뒤로하고 안온한 실내를 어슬렁거린 건 그래서였다.

현무암의 색을 닮은 검은 벽이 차분히 내려앉은 휴게 공간에 들어섰다. 우리 네 사람 외에는 아무도 없었다. 테이블 위에 놓인 꽃들이 유난히 소담하고 아름다워 근처에 머물렀다. 꾸밈없는 생명력과 야생성이 넘실거려서 화병에 담길 종류의 식물들 같지 않았다. 이파리와 수술의 신기한 생김새들을 빤히 들여다보는데 갑자기 낯선 목소리가 들려왔다. "꽃을 찬찬히 보시는 듯한데 제가 설명 좀 해드릴까요?"

까맣게 그을린 피부를 가진 중년의 남성이 어느새 내 옆에 서 있었다. 손등의 굵은 주름, 바깥에서 긴 시간을 보내는 동안 햇볕에 희석되기라도 한 것처럼 밝은 눈동자 안에 홍채의 무늬가 선명하게 번뜩였다. 직감적으로 그가 이 정원의 주인임을 확신했다. 베케의 입구에 들어설 때 안내 표지판에서 본 조경가 김봉찬 대표였다.

그는 매일 아침 정원에서 꽃들을 갓 수확해 화병에 옮기는 과정과 함께 베케의 꽃들이 지닌 정형화되지 않은 형태를 설명했다. 요컨대 잠시 햇볕을 피해 들어온 우리를 매혹시킨 이 실내의 작은 꽃들은 바깥에 펼쳐진 방대한 정원의 축소판이었다. 우리는 들꽃이 지닌 저마다의 개별성, 멋대로 뻗치거나 늘어지기에 발생하는 투박한 아름다움을 들여다봤다. 어울리지 않는 식물들의 어울림에 관해 듣는 동안 문득 생각했다. 나는 지금 거대한 돌무더기들 사이에 마련된 희귀한 비일상의 틈새에 와 있다고.

제주의 베케들은 거친 밭을 일구며 나온 돌들로 밭담을 쌓는 과정에서 만들어진다. 돌을 밭의 경계에 계속 쌓아 올리다 보면 일반 밭담보다 훨씬 높고 두터운 형태가 된다. 베케는 바다의 드센 바람을 막아줘 이끼가 살기 좋은 환경을 만들어내는 대신 성글다. 단점 같지만 이 성긂 또한 자연의 지혜이고 필연이다. 틈 사이로 야생의 풀과 나무가 자라나 조밀해진 돌담은 시간이 흐를수록 자연의 일부로 순환한다. 내 앞에 선 조경가는 같은 의미로 자신의 정원 베케에 단일한 조경물로서의 예쁜 꽃이 아닌 자연의 일부로서 존재하는 것들의 조화를 추구한다고 말하는 중이었다. 최정화 설치미술가와 협업해 베케를 설계하면서 그가 고민한 단단한 정원의 요건이란 이러했다.

"우리 정원은 조금 엉성해야 해요. 엉성한 것 안의 치밀함. 치밀함 안의 엉성함. 그게 좋지 않나요? 치밀하고 치밀하면 금방 힘들어져요. 그런데 서울에서 오셨어요?"

손님에게 으레 건넬 만한 질문인데도 나는 어쩐지 이 여행이 무엇으로부터 시작되었는지 고백해야 할 것만 같은 충동을 느꼈다. 몽골에서는 우연히 만나는 손님이나 행인을 천사로 생각한다던데, 갑자기 내 앞에 검은 옷을 입고 나타나 '엉성하게 치밀하게'를 말하는 전문가를 잠시 천사로 오해한들 문제될 것은 없었다. 그가 덧붙였다. "투박해야 더 고결합니다."

남자는 곧 소임을 마친 사람처럼 조용히 사라졌다. 김봉찬 대표가 떠난 뒤 우리에게 일어난 큰 변화는 정원에 입장할 때 의지적으로 품었던 지도를 가방 깊숙이 밀어 넣은 것이었다. 정원의 진입로부터 마지막 하이라이트에 이르는 유려한 전개에 대한 기대, A동에서 C동으로 이어지는 순차적 경로를 성실히 따르는 일에 대한 부담이 자연스럽게 사그라들었다.

햇볕을 쬐면서 정해진 관람 순서를 벗어나 이쪽저쪽으로 마구 오갔다. 어떤 곳은 길을 헤매다 되돌아와 두 번 보기도 하고 어떤 곳은 허술하게 넘어갔다. 어떤 정원엔 지나치게 오래 머물렀고 그 옆의 정원은 지나쳐버려 앞으로 영영 보지 못할 수도 있었지만 괜찮았다. 엉성하고 치밀한 관람이었다. 창 높이에서 곧장 녹지 지면이 연결되어 마치 땅속에 묻힌 채 이끼 정원을 마주하는 듯한 공간에서는 누워서 빈둥거렸다. 계획에 없던 느긋함이었다. 마지막으로 해체된 콘크리트 건물 위에 자라난 식물 더미를 한참 관찰한 뒤 차에 올라탔다.

그제야 배가 고팠다. 저녁 시간이 한참 지나 있었다. 그럼에도 한가한 몰입의 여진은 이어졌다. 우리는 섬의 저 끝을 향해 한참을 말없이 달렸다.

"좋았지?"
한 사람이 물었다.
"좋았어, 정말."
모두가 연이어 대답했고 다시 말이 없었다.

침묵 속에서 무언가가 풀어 헤쳐지는 것을 느꼈다. '치밀하게 치밀하게' 굴러온 리듬이 순연해지는 것을, 그게 얼마나 필요한 일이었는지를 깨달았다. 어둠 속에서도 희미하게 보이는 숲과 오름의 실루엣을 눈에 담기는 그대로 아득하게 두었다.

한참을 달려 도착한 돌집에서 늦은 밤 긴 일기를 썼다. 언제든 이 작품에서 저 작품으로 옮겨 다닐 준비가 필요한 내 영토에도 있는 작은 돌담 하나를 떠올렸다. 정확히 일해온 시간만큼 쌓인, 나름대로 든든하지만 여전히 성근 돌들의 틈새가 보였다. 나는 더 잘 쓰고 더 쉽게 쓰기보다 더 생생하게 쓰고 싶다. 가끔은 투박해질 용기도 갖고 싶다. 그로부터 며칠과 몇 주가 지나 한 달의 휴가가 끝난 뒤에도 내게 남은 다짐은 그 정도였다. 들꽃같이 엉성하지만 그 아래에서 조금씩 치밀해지려는 뿌리를 상상했다. 그 여름은 그것으로 족했다.

어둠을 기다리는 사람들

바람 좀 쐬고 올게요

"루이스는 무기를 갖는다. 무기를 쓴다."

과학자인지 여행자인지 구분이 가지 않는 외계 생명체가 지구 대륙 곳곳에 상륙해 가만히 머무는 동안 인류는 불안에 떤다. 소통에 투입된 언어학자에게 외계 종족이 '무기'라는 단어를 꺼낸 이후 공포는 극대화된다. 그들은 곧 전쟁을 일으키려는 걸까? 해독되지 않는 언어와 미스터리 앞에 인류는 자발적으로 분열해 일촉즉발의 전쟁 상황까지 치닫는다. 영화 〈컨택트〉의 이야기다.

누구에게나 오해하고 싶은 영화가 있다. 말하자면 이상한 의미 지점에, 오류인지 율동인지 모를 움직임에, 어떤 표정에 꽂혀버리는 영화. 나는 '출현Arrival'이라는 매력적인 원제를 지닌 드니 빌뇌브의 영화를 조금 멋대로 보고 싶다.

배우 에이미 애덤스가 연기한 언어학 박사 루이스가 외계 종족 헵타포드의 언어를 막 익혀가기 시작할 무렵의 일이다. 정부가 독촉하는 가운데 쪽잠을 청해가며 낯선 표의문자를 탐구하는 동안 루이스에게 환각 증세가 찾아온다. 출처 불명의 이미지와 소리가 자꾸만 머리에 맴도는 것이다. 낡은 기억이 불시에 침투할 때 그러하듯 스크린에 비친 주인공은 어쩐지 슬픔을 느끼는 것만 같다. 어느 날 루이스는 작업을 하다 말고 자리에서 일어났다가 금세 주저앉는다. 물리학자인 이안과 사령관이 다가와 그의 안위를 살핀다. 걱정하는 동료, 미지의 바이러스에라도 감염된 것은 아닐까 의심하는 관리자 앞에서 루이스는 설명해야만 한다. 자신을 덮친 이 거대하고 압도적인 동시에 산만한 감각을. 그러나 어떻게? 우리가 타인에게 쉽게 전하기 힘든 무언가를 끌어안고 있을 때 쓰곤 하는 말이 〈컨택트〉에서도 어김없이 나온다. "설명해도 이해 못 하실 거예요. 바람 좀 쐬고 올게요."

루이스는 낮밤의 구분조차 힘든 기지를 벗어나 광활한 들판으로 걸어 나간다. 종잡을 수 없던 느낌의 파편들이 비로소 집합을 이룬다. 루이스는 도망치는 대신 자처한 이 짧은 산책 속에서 자신이 헵타포드어의 영향으로 미래를 볼 수 있게 되었음을 깨닫는다. 그러자 시간의 해상도가 달라진다. 삶은 이제 일직선이 아니라 원형이다.

 여기 각성하는 인간이 있다. 영화의 제목인 'Arrival'은 외계인의 출현이면서 깨달음의 출현, 즉 에피파니와의 조우도 된다. 나는 그래서 〈컨택트〉가 영화에 관한 영화이기를 바란다. 영화만의 언어가 있다는 사실을 처음 어렴풋이 느낄 즈음 나는 혼자서, 함께 영화를 본 사람들과 지칠 줄 모르고 걸어 다녔다. 우리는 쏘다니면서 열띠게 토론하거나 침묵했다. 어떤 영화들은 내가 모르는 나의 기억처럼 세포에 새겨졌다. 〈베로니카의 이중생활〉에서 크시슈토프 키에슬로프스키 감독이 사물의 생을 비춰줄 때 처음으로 그런 감각을 느꼈다. 연인을 향해 뛰어가는 베로니카(이렌느 야콥 분)의 신발이 빗물 고인 웅덩이를 박차고 뛰어오르는 숏에서, 병원 복도를 걷는 베로니크(이렌느 야콥 분)의 발걸음 아래로 빨간 머플러가 바닥에 질질 끌려가는 숏에서, 투명한 고무공이 지하보도 천장을 힘차게 튕겨내고는 먼지와 함께 비처럼 쏟아지는 숏에서 나는 해석 불가능한 신호들과 함께 흔들렸다. 운명을 공유하는 쌍둥이 한쪽을 잃은 주인공처럼 이유 모를 상실감과 신비에도 휩싸였다.

영화의 언어가 우리를 그렇게 만든다. 기어이 다른 차원을 알아차리게 한다. "바람 좀 쐬고 올게요"라고 말하고 싶어지는 섬광 같은 여운, 그리움과 환희가 뒤섞인 혼란스러움, 그로부터 재구성된 '당신 인생의 이야기'들. 외계의 언어를 배운 루이스가 세상을 다른 방식으로 보게 되듯이 영화의 언어를 추종하는 관객에게도 생경한 지각과 인식이 주어지곤 한다. 〈컨택트〉의 헵타포드 종족은 언어의 힘을 무기라 일컫은 뒤 이렇게 덧붙인다. "무기는 시간을 연다." 나는 이 말이 엄청난 위로로 들린다.

사피어-워프 가설, 즉 '외국어에 몰입하면 사고의 방식도 그 언어를 따라 바뀐다'라는 이론을 이제 영화를 향한 나의 가설에도 대입해본다. 영화의 언어도 우리가 생각하는 방식에 영향을 미칠까. 만약 우리가 현실을 사는 시간만큼 스크린 앞에서도 산다면 영화처럼 사고하게 될까. 영화의 어법에 근접한 삶은 어떻게 재구성될까.

혼돈일 뿐인 인생의 사건을 나름대로의 우연과 필연으로 몽타주화하고, 언제든 플래시포워드에 잠겨 미래를 공상하고, 원경에서 잊히기 십상인 일에 시선을 던져 클로즈업숏으로 박제시킨다. 감상적인 플래시백은 최소화하는 대신 기억과 감정이 유연하게 얽힌 비선형의 내러티브를 그릴 수도 있을 것이다.

이중언어로 살게 된 이후의 어느 날, 동료이자 미래의 남편인 이안이 루이스에게 이런 질문을 던진다. "혹시 당신, 그들의 언어로 꿈을 꾸나요?"

〈컨택트〉를 영화에 관한 영화로 바꾸어 생각하면 이 질문은 퍽 낭만적이다. 어떤 영화와 교류하다가 넋이 나가버린 사람의 옆얼굴을 쳐다보게 되는 순간 속으로 나도 그런 질문을 한다. '혹시 당신, 잠시 영화의 언어로 꿈을 꾸나요?' 나는 그런 사람들과 극장 밖에서 바람 좀 쐬다가 집에 돌아가는 일이 좋다. 그럴 때 시간은, 활짝 열린다.

이야기에 관한 뜬금없는 지지

이스탄불에서 런던으로 향하는 비행기 안, 붉은 단발머리에 안경을 낀 중년 여성이 손바닥 위에 작은 유리병을 올려놓고 골똘히 들여다본다. 뚜껑을 열어놓은 유리병은 얼핏 보기에도 가볍고 투명하다. 텅 비어 있으니 딱히 오래 볼 것도 없고 무언가 흘러내릴까 조심할 필요도 없다. 여자는 혼자서 신기루에라도 사로잡힌 걸까? 주의 깊은 손길로 병을 받쳐 든 배우 틸다 스윈턴이 이내 연기하는 것은 온몸으로 퍼지는 환희가 내성적인 여자의 입꼬리까지 도달해 파르르 떨리고 마는 순간이다.

평균 별 세 개에서 별 세 개 반. 조지 밀러의 영화 중에서도 범작으로 취급받는 〈3000년의 기다림〉에서 내가 가장 사랑하는 장면은 이것이다. 2023년의 끄트머리에 나는 〈3000년의 기다림〉을 '올해의 BEST 해외영화'

목록에서 5위에 올렸다. 《씨네21》을 비롯해 다양한 매체에서 연말, 연초가 되면 집계하는 순위형 리스트는 한 해의 영화산업 전반에 대한 간접적인 리포트이자 지지, 독려, 발굴의 장이 된다. 이러한 순기능에 일조하길 바라는 마음으로 임하는 한국영화 선정과 달리 외화 선정은 비교적 자유롭다. 나는 누군가의 베스트 리스트를 읽는 즐거움은 그의 사사로운 애호를 발견할 때 있다고 믿는 쪽이다. 정답에 가깝건 반항심이 가득하건 간에 모든 목록은 고백적이다. 건조하게 나열된 제목들의 뒤편엔 영화가 한 사람의 마음에 불러일으킨 내적 파문과 동요가 일렁이고 있다.

평론가 로저 에버트는 주류 매체의 리스트에 오르는 좋은 영화란 대개 "감독의 스타일, 톤, 비전"을 담은 작품들이고, 그런 영화들은 "우리의 상상력을 자극해 감독의 다른 영화들을 찾아보게 만들어 그를 우리의 친구 같은 존재"로 만든다고 했다. 그러나 〈매드맥스: 분노의 도로〉 같은 걸작과 비교해 조지 밀러의 '스타일, 톤, 비전'을 대변하기에는 다소 조악한 〈3000년의 기다림〉을 나는 약간 소심하게 리스트의 끄트머리에 편입시키고야 말았다. 항변은 다음과 같다.

서사학자 알리테아(틸다 스윈턴 분)는 '이야기학의 모험'이라는 주제로 열린 학술 컨퍼런스에 참석차 이스탄불의 한 호텔에 머무르면서 3000년간 램프 속에 잠들어 있다 깨어난 정령을 만난다. 오스만제국의 환영이 가라앉은 골목 어귀의 골동품점에서 구매한 볼품없는 유리병이 실은 마술 램프였던 것이다. 그로 말할 것 같으면 서사는 믿으나 사람은 좀처럼 믿지 못하는 여자로, 실패한 지난 사랑의 수렁에서 이야기의 힘으로 발돋움한 뒤 혼자 되기의 즐거움을 개척해왔다. 서사학자의 소명에 충실한 사람답게 알리테아는 3000년의 증인으로부터 서사의 역사를 채집하려 애쓴다. 세 가지 소원을 비는 대신 이야기를 들려달라는 램프의 주인은 정령에게도 처음인 듯하다. 설화 속 소원 성취 모티프는 대부분 지나친 욕심 때문에 파멸하는 주인공을 그리기에 알리테아는 이를 간파하고 생각할 시간을 번다. 하지만 그는 아직 모른다. 이야기에 대한 자신의 깊은 이해가 곧 정령을 사랑하게 되는 슬픈 운명으로 이어질 줄은. 비행기 안에서 알리테아가 손에 든 유리병은 연인이 되어 집으로 함께 귀환하게 된 정령의 거처였다. 남들 눈에는 보이지 않는 자기만의 신화란 이렇게나 비밀스럽다.

A. S. 바이엇이 1994년 출간한 원작 소설 『나이팅게일의 눈 속에 든 정령The Djinn in the Nightingale's Eye』에는 알리테아가 유리병을 손에 쥐고 고국에 돌아오는 비행기 장면이 없다. 소설의 주인공은 이스탄불에서 정령과 대화하며 더 많은 민속 서사를 탐구하고 강연을 이어간다. 그러고는 일생일대의 시간과 이야기를 그곳에 놓아둔 채로 혼자 돌아온다.

원작을 읽고 나니 영화에 더러 아쉬움도 생긴다. LA를 기반으로 활동하는 젊은 문학평론가 보니 존슨이 이미 지적한 대로 〈3000년의 기다림〉은 바이엇이 중시한 "이단적인 관점과 (여성 주인공에 대한) 사실적인 친밀감을 잃고 페미니즘적 주제가 흐릿해지는 과정을 지켜봐야"(《LA타임스》) 하므로 실망스러운 해석일 수도 있다. 그도 그럴 것이 소설에는 알리테아가 정령에게 삼십대에 겪은 성폭행 경험을 털어놓거나 여성이 원하는 것은 남성과의 평등이라고 말하는 대목들이 있으나 영화에서는 모두 사라졌다. 조지 밀러의 영화는 바이엇의 소설과 달리 정령이 만난 고대의 여성 캐릭터들(온몸이 털로 덮인 시바 여왕, 술레이만 왕을 사로잡은 거구의 후궁, 임신한 채 바다에 버려진 노예, 옥탑에 갇힌 천재 과학자)이 어떤 연유로 그 이야기 속에 존재하게 된 것인지 자세히 짚어주지 않는다. 말하는 돼지(〈꼬마돼지 베이브〉)와 포스트 아포칼립스의 카체이싱(〈매드맥스〉 시리즈)에 천재적인 소질을 보였던 감독은 천일야화의 시각적 경이를 강조하는 한편 알리테아와 정령 두 사람이 만드는 고전적 멜로드라마의 풍모에 몰두한다.

각색의 충실함 면에서 〈3000년의 기다림〉은 아쉬운 영화가 분명하지만 한 해가 저물어갈 때 내가 어느 서사학자의 이야기를 그리워하게 만든 힘이 바로 그 이탈의 지점에 있는 것도 사실이다.

연인을 따라 런던으로 이주한 정령은 온갖 전자기장과 소음 속에서 생명력을 잃고 희미한 입자로 부서져간다. 대도시는 결코 신화가 설 자리를 내어주지 않는다. 첫 소원으로 정령과의 사랑을 빌었던 알리테아는 결국 마지막 소원으로 정령이 다시 자기 자리로 돌아갈 것을 요청하게 된다. 램프를 흔들어 세 가지 소원을 빌 수 있게 된 운 좋은 인간은 누구나 세 번의 기회를 가장 값지게 쓰겠다고 다짐한다. 하지만 원인이 과욕이든 불운이든 간에 새로운 소원은 주로 이전의 소원을 되돌리는 데 쓰이고 만다. 구복 모티프가 지닌 자가당착의 고통을 알리테아가 결코 모를 리 없었겠으나, 그럼에도 정령을 사랑하기로 했음을 되짚을 때 나는 뜨겁고 축축해지는 뺨 한쪽을 순순히 내버려두었다. 정령이란 이름의 이야기꾼 앞에서 서사학자가 택한 사랑의 행로는 필연에 가깝다. 그로부터 시작될 대서사시는 호텔방을 수놓았던 천일야화보다 훨씬 강력한 것, 바로 지고지순한 사랑 이야기다.

〈3000년의 기다림〉을 본 직후 들려온 소식은 스트리밍서비스가 작가 인력을 감축하는 흐름에 맞서 할리우드 작가 조합(WGA)이 파업에 나선 것이었으며, 그들은 나아가 생성형 AI가 기계적으로 '3장 구조'와 작법서의 공식들을 조합해 만든 시나리오에 대한 극심한 두려움을 호소했다. 서사학자이자 곧 정령이기도 한 사람들. 나는 한 무리의 거대한 작가 집단을 문득 그렇게 연상했다.

컴퓨터 그래픽의 껍질을 벗겨낸 〈3000년의 기다림〉은 단단히 시대착오적이다. 영화는 아라비안나이트를 거쳐 사랑을 포기함으로써 상대의 안전을 지키는 고전 멜로드라마로의 여정을 따른다. 그런 것들을 도대체 요즘 누가 신경이나 쓴단 말인지. 내게 자신의 상업적 명성을 빌려 투자받은 수십억으로 우리 시대의 서사가 처한 운명을 역설하는 조지 밀러의 배짱 같은 것은 없지만,

범작에 숨은 비범한 가시를 옹호할 직업적 명분은 있다. 그리고 한 편의 영화가 영혼의 동료를 찾는 일에 기여할 수 있다면 〈3000년의 기다림〉은 앞으로 꽤나 유용한 지표로 남을 전망이다. 텅 빈 병을 감탄스럽게 받쳐 들고 있는 여자가 궁금한 사람들, 소원을 빌기보단 그저 이야기를 듣고 싶은 사람들, 놓아주는 사람들. 이 예스러운 영화에 마음이 가는 사람은 그런 부류의 인간들이다.

토템의 필요

 영화는 '따라 하고 싶다'는 충동을 안기는 몇 안 되는 예술이다. 연속적인 이미지의 운동이 어느 매체보다도 삶의 표피에 근접하기에 기시감에서 출발해 모방 욕구에 이르는 열망이 뿌리내린다. 그런 침투적인 감정 앞에서는 실망감을 느끼기도 쉽다. 현실에 오프닝과 엔딩이 없고 화려한 클라이맥스가 없다는 것쯤은 당연하지만, 생의 결정적 순간에 저 멀리 롱숏으로라도 우리를 지켜보는 카메라가 없다는 사실이 나는 종종 애석하다.
 사건도, 플롯도, 카메라도 없는 일상을 영화로 바꾸는 사람들이 있다. 프랑스 누벨바그의 기수이자 선구적인 여성 다큐멘터리스트인 아녜스 바르다 감독이 만든 에세이 영화 〈아녜스 바르다의 해변〉이 떠오른다. 생토뱅 쉬르메르의 드넓은 해변이 바르다의 영화에선 자화상의 공간으로 내밀한 응집력을 갖춘다. 나는 여든의 감독이 바람 부는 모래사장에 조각난 거울과 빈 액자들을 설치하고 그 속에 자신의 얼굴을 넣어보는 일련의 퍼포먼스를 지켜보면서 설명하기 힘든 동경심을 느낀다. 영화를 가장 영화답게 만들기 원했던 이가 삶까지 영화로 바꾸어내는 모습에, 삶을 다시 영화로 찍고 있는 움직임에 빠져든다. 농담조로 성찰하는 바르다의 내레이션은 창조와 놀이의 구분을 무의미하게 만든다.

비록 그처럼 혁신적일 수는 없다고 해도 아녜스 바르다의 모험을 따라 하고 싶다. 우리라고 몇 개의 거울을 중첩시켜 자기를 들여다보고 셀피를 찍지 말란 법은 없다. 몇 번의 반사를 거쳐 조금씩 더 왜곡되거나 분절되는 나의 초상에 관해 사유하는 일을 하루의 이벤트로 삼아보는 것이다. 남들에게 다 알려진 해변을 뻔뻔하게 자신만의 것으로 지정해도 좋다. 머리를 자줏빛으로 염색하고 장미꽃이 그려진 실크 가운을 고집할 수도 있다. 자기 인생의 미장센을 스스로 발명하는 사람은 쉬이 낡지 않는다.

사회적 분신으로 살아가는 우리들에게 '바르다 되기'는 한없이 번거로운 제의일 수도 있지만, 실천 가능한 수준의 자기 표명을 수행하는 시네마 용사들을 나는 더러 알고 있다. 앞서 걷는 사람의 배낭에서 틈틈이 수집한 배지들이 반짝일 때, 컴퓨터 바탕화면이나 휴대폰 스크린에 새겨진 영화의 한 장면을 흘깃 볼 때 안도한다. 한때 《씨네21》 사무실에는 책상 위 공간 대부분을 영화 피규어의 집으로 내어주고 자신은 간신히 운신하던 H 선배가 있었다. 그를 보면서 굿즈 수집에 열광인 오타쿠들의 행위가 경건하고 자기희생적인 수행으로서 재평가되어야 한다는 확신을 조용히 품었다.

신중히 선별한 자기 인생의 토템을 장착함으로써 무정형의 삶에 의미를 조각하는 노력은 인간의 가장 낭만적인 본능이다. 많은 영화의 주인공들이 작은 기물에 도취된 우리를 재현해왔고 우리는 또다시 그들을 따른다. 〈인셉션〉의 온갖 난장판이 유년 시절의 바람개비 하나로 시작되었다는 사실, 〈패터슨〉의 스크린에 새겨진 걸출한 시어가 성냥갑에서 태동했다는 사실을 잊지 말자.

크시슈토프 키에슬로프스키 감독의 〈세 가지 색: 블루〉를 처음 본 십대 끝자락에 나는 블랙커피의 표면에 각설탕을 갖다 대고 서서히 녹이는 쥘리에트 비노슈를 따라 하고 싶어 안달이었다. 그러려면 커피와 각설탕은 물론 낮고 둥근 잔과 소서, 티스푼이 있어야 했다. 풍경을 허락하는 카페, 거리의 악사, 사유할 슬픔까지도 필요했다. 시간이 한참 흐른 지금, 내게는 아메리카노에

설탕을 넣으면 얼마나 맛이 없어지는지가 더 중요해졌지만 키에슬로프스키의 각설탕이 토템의 의미까지 잃은 것은 아니다. 형태를 이룬 흰 결정들이 블랙홀 속으로 서서히 풀어 헤쳐지는 잠깐 동안에 강퍅한 일상은 잠시 영화의 리듬으로 흘러간다.

연인의 과거를 더듬듯 조급한 심정으로 키에슬로프스키의 영화를 먹어치우던 시절 이후로, 내 가방 작은 한구석에는 출처를 알 수 없는 긴 가죽 끈이 돌아다닌다. 긴장될 때마다 그걸 집어서 아무렇게나 펼쳐놓고 물결치는 심장 파형의 모양을 그려본다. 〈베로니카의 이중생활〉에서 베로니카가 그랬던 것처럼, 살아 있다는 표식을 스스로 그려보고 줄을 손에도 감아보면서 감촉을 확인한다.

장면에 빚지는 형태로나마 내 몸은 기능적 동작을 멈추고 그제야 긴요한 서성거림 속에 머문다. 영화적 순간을 재현하려는 사소한 제의 속에서 나는 가까스로 살아 있다. 기물에 의미를 부여하는 일 말고도 방법은 많다. 잘 알려지지 않은 주문이나 주제가를 당신의 것으로 만들어볼 수도 있다. 굳센 기운이 필요할 땐 〈메리 포핀스〉(1964)에서 줄리 앤드루스가 외친 주문 "슈퍼칼리프레질리스틱 엑스피알리도셔스!Super-cali-fragil-istic-expialidocious!"를 중얼거리면서 발로 박자를 맞춰보면 어떨까? 유난히 의기소침한 날엔 제인 캠피언 감독의 〈내 책상 위의 천사〉에서 유년의 재닛 프레임이 뉴질랜드 초원 절벽 위에 친구들과 앉아 부르던 민요가 제격이다. 스코틀랜드의 18세기 서정시인 로버트 번스가 쓴 시 「덩컨 그레이Duncan Gray」에 단순한 음을 붙인 이 노래는, 번뇌로 요동치던 마음도 이내 천진한 자세로 가라앉힌다. 나는 특히 고어로 쓰인 춤곡의 추임새가 마음에 든다.

> 시간과 기회는 그저 흐름이에요Time and chance are but a tide
> 하, 하, 더 우잉 오!Ha, ha, the wooin o't!
> 가냘픈 사랑은 참을 만하지요Slighted love is sair to bide
> 하, 하, 더 우잉 오!Ha, ha, the wooin o't!

우리는 영화처럼 살 수 없지만 영화로부터 삶의 토템과 리추얼, 주제가를 이끌어낼 수는 있다. 실재하는 '내 책상 위의 천사'들은 사랑하는 영화들의 장면에서 걸어 나왔다. 그들과 함께하는 삶의 유치함과 기쁨을 오래 누리려고 나는 이렇게나 길게 쓴다.

잠드는 영화

영화를 삶의 도구로 끌어들이는 한 방법으로 극장 밖에서 각자의 '수면 영화'를 발굴할 것을 제안한다. 과로나 번민, 잘못 재단된 일정 때문에 낮 동안 각성한 뇌가 좀처럼 잠들기를 거부하는 밤이면 도움이 되는 묘수다. 전자파와 블루라이트를 동원해 그렇지 않아도 지친 뇌를 더 가학적으로 다룸으로써 아예 나가떨어지게 만드는 것이다. 의학계는 이를 수면위상지연증후군의 일종으로 분류할지도 모르나 내 방 어둠 속에서 반짝이는 영화, 그러니까 '잠드는 영화'는 차가운 디지털 신호라는 오명 너머로 언제나 자장가를 불러주곤 한다.

주위의 여러 증언과 내 경험을 모아본다. 몇 가지 유형은 다음과 같다.

IPTV 무료 영화 선호파

어차피 중간에 잠들 것이므로 무료 영화를 틀겠다는 입장이다. 해결되지 않는 거대한 공허함이 극심한 날이라면 텔레비전의 사나운 번쩍임만큼 강력한 것도 없다.

길티 플레저 공략파

정신이 섬약해진 틈을 타 낮이라면 자기검열의 덫에 걸리고 말았을 목록들을 즐긴다. 이들은 잠들기 직전까지도 음지의 자신을 받아들이면서 모종의 취향 계발을 지속한다. 평화학 연구자이자 오디오 매거진 《정희진의 공부》 편집장인 정희진 선생은 하루 종일 논문을 쓰고 새벽녘에 귀가하면 잠들기 위해 〈CSI: 과학수사대〉 같은 범죄수사물을 폭식하듯 몰아 보았다고 했다. 인터뷰 도중 그가 갑자기 던진 이 고백에 나는 몰래 전율했다.

명작 고집파

불면의 와중에도 굳이 훌륭한 영화를 재생하는 이들이야말로 아침에 후회가 막심하다. "너무 재밌어서 결국 끝까지 다 보고 말았어"가 퀭한 눈을 한 자들의 단골 대사.

앰비언트 영화파

영화 이미지를 명상적 도구로 전락시키는 부류로 나 역시 이쪽에 속한다. 이때 영화는 고상한 앰비언트 뮤직처럼 소비된다. 고요, 정밀함, 고즈넉함, 마술적인 침묵이나 여백, 액체처럼 흐르는 트래블링숏을 그저 '잠이 오는 느낌'으로 환원해도 좋다. 오늘 끝낸 일과 내일 할 일의 사이에 놓인 새벽 3시, 잠들기 위해 나는 영화를 부수고 착취하는 사람이 된다.

낮의 영화는 나를 가르친다. 나는 낮의 영화를 섬긴다. 그러나 새벽의 영화는 내 발밑에 있다. 영화를 보면서 곯아떨어져서는 안 되는 직업, 멍 때리면 손해인 직업, 어쩌다 졸게 되면 정확히 같은 시간만큼 영화에 다시 돌려주어야 하는 직업. 나는 이 일을 더 잘하고 싶어서 잠드는 영화의 목록을 만든다.

오늘날 OTT 플랫폼이 허락한 간편한 드나듦은 죄의식을 일부 덜어준다. 이런저런 썸네일을 옮겨 다니다 내키면 한자리에서 여러 편을 연속 재생하는 행위는 영화를 생활 속 배경 화면으로 지시하는 일이다. 늦은 밤 나는 잠자기 위해 극장에 갈 수는 없지만 플랫폼에 입장하는 것은 가능하다. 극장에서는 '졸면서 보기'가 불가역의 공백을 형성하지만 스트리밍서비스에선 시청의 자유를 준한다. 원하는 시점에 멈추고 잠들기, 혹은 틀어놓고 자버리기. '콘텐츠'가 된 영화는 리모컨과 다름없는 밤중의 도구가 된다.

내 '슬리피 시네마' 목록의 최상단에 놓인 디즈니플러스의 〈제니메이션〉 시리즈가 적절한 예가 될 것 같다. 픽사를 포함한 디즈니의 주요 애니메이션들을 물, 바람, 안락함, 모험, 도시경관 같은 테마로 나누고 그에 걸맞은 장면들만 추출해 재배열한 작품이다. 모든 대사와 음악을 덜어낸 뒤 오직 테마에 조응하는 앰비언트(공간음)와 폴리(효과음)만 남겼다. 이렇게 탄생한 〈제니메이션〉은 ASMR과 명상 열풍, 몇몇 뛰어난 오디오비주얼크리틱의 기법에 영향받은 미적으로 탁월한 돌연변이다. 지친 노동자를 재우는 데 효과적인 것은 틀림없지만, 디즈니가 탁월한 스토리텔링 업적을 스스로 해체시킨 사례로서 더 자세히 연구될 필요가 있어 보인다.

스테판 셰쉬 감독의 영화 〈달사람〉은 방황 중에 건져낸 보물이다. 달에 사는 사람이기도 하고 달의 인간적 분신이기도 한 '달사람'이 혜성의 꼬리를 타고 지구로 건너오면서 영화가 시작된다. 달콤한 어둠의 조도를 유지하는 이 애니메이션이 흐르는 동안만큼은 밤의 멜

랑콜리가 무섭지 않다. 말갛다 못해 곧 사라지고 말 것 같은 달사람이 지구 위 따뜻한 호수를 헤엄칠 즈음이면 영화의 장면들은 슬금슬금 꽁지를 자르고 의식 너머로 도망친다. 달사람, 외계인, 파시스트, 떠돌이 개, 사이좋은 부녀가 엉뚱하게 뒤섞인 이야기가 꿈인가 싶지만 다음 날도 그다음 날도 내 발밑의 장면은 온전한 순서와 방향으로 이어진다. 영화는 잠결에 자신을 함부로 대하는 관객도 차별하지 않는다.

밤새 번쩍이는 스크린의 유해한 자극과 〈달사람〉이 선사하는 무해한 평온이 양립하는 동안 나는 '잠드는 영화'에 감사해한다. 영화를 떠받치는 일이 좋아서 영화를 무자비하게 소비하는 사람의 침대엔 가끔 변명 섞인 잠꼬대가 스르륵 삐져나온다.

앞면과 뒷면의 이중인화

어느 가을, 타이베이 시내에서 조금 멀리 떨어진 동네에 짐을 풀었다. 아시아 최대 규모의 콘텐츠 박람회인 TCCF 취재를 마친 후, 남은 주말 동안 자투리 여행을 즐겨볼 계획이었다. 포럼이나 컨퍼런스라는 이름의 시끌벅적한 소용돌이가 지나가고 마침내 되찾은 혼자만의 시간. 낯선 도시의 호텔방에 누워서 모종의 해방감이나 열심히 일하고 난 뒤의 전리품인 기분 좋은 노곤함을 즐기고 싶었다. 하지만 그날 밤, 한 손을 이마에 얹고 뒤척이다가 어쩐지 지루하다는 생각부터 했다. 무감함은 언제부터인지 혹은 왜인지 궁리할 새 없이 찾아온다. 이 권태로움이 일에 대한 반응인지 삶 자체를 향한 것인지는 더더욱 알 도리가 없었다. 내일 새로운 손님과의 여행이 기다리고 있다는 사실만이 유일한 위로가 되는 밤이었다. 하루 뒤면 짧은 여정을 함께하기로 한 J가 대만에 도착할 것이다.

  호텔 침대는 컸고 잠은 오지 않았다. 텔레비전을 나지막이 켜둔 채로 J가 내게 보내두었던 메시지를 다시 읽어본다. 여행 계획을 홀로 전담한 그는 포털사이트 블로그를 뒤져 일찍이 대만에서 〈하나 그리고 둘〉 촬영지 방문을 감행한 이들의 정보를 그러모았다. 블로거들의 주소를 드나들면서 나는 행동하는 사랑의 성실한 자취에 탄복하는 한편 묘한 쓸쓸함을 느낀다. 연출의 장막을 걷어낸 실제 로케이션은 언제나 영화보다 한 뼘 더 평범하고 초라하기까지 하다. 그럼에도 '관객-여행자'들에게 장면 너머 현실을 찾는 일은 관광 이상의 감흥을 허락한다. 스쳐 지나가는 숏의 일부를 붙잡고 기어코 낯선 도시의 좌표를 찾아낸 순례자들의 기록을 읽다가 잠이 들었다.

  타이베이 그랜드 호텔(원산대반점)은 영화 도입부에서 양양의 외삼촌 결혼식이 열리는 장소이다. 화려하고 북적이는 잔치 한가운데 장난기 많은 친척 누나들이 양양의 신발을 연회장 밖으로 던져버리는 바람에 소년 혼자 호텔 로비 계단을 오르는 장면이 상징적으로 회자된다. 인파를 뒤로하고 제 신발을 찾기 위해 배회하는 어린 주인공은 크고 낯선 어른들의 세상을 홀로 관찰하기 시작하려는 듯싶다. 양양이 계단을 오르고 호텔 내부를 탐색하는 움직임에는 새로운 경험에 대한 두려움과 호기심, 그리고 아직 모든 것을 다 이해하지는 못하는 소년의 어리둥절함이 녹아 있다. 웅장하고 붉은 주단 위 어디론가 향하는 중인 소년을 내려다본 전경 숏은 2001년 칸영화제 당시 초연을 위한 포스터로 사용되었다(이 글이 쓰이는 2025년, 4K 리마스터링을 마치고 대만에서 재개봉한 〈하나 그리고 둘〉의 복원판 기념 포스터도 같은 장면이다).

포스터 속 양양이 서 있던 장소는 호텔 로비를 지나면 바로 이어지는 웅장한 중앙 계단참이다. 나와 J는 번갈아가며 그곳에 자리 잡은 서로를 향해 연신 셔터를 눌렀다. 민망함과 뻔뻔함을 무릅쓰고 그렇게 했다. 우리 버전의 〈하나 그리고 둘〉 레플리카 포스터를 얻고자 하는 야심으로. 믿음직한 사진사에게 내 뒷모습을 맡긴 채 포즈를 취하는 동안, 위층에 늘어선 호텔 안 상점들과 그 앞에 선 점원들이 우리를 흘깃 내려다보는 것이 느껴졌다. 같은 자리에서 한참이나 얼쩡대는 두 사람이 별나 보였던 걸까? 화려한 단청과 금박으로 칠해진 목조 기둥, 크고 정교한 샹들리에, 대리석 바닥이 어우러진 호텔은 현대적 양식으로 개조된 중국 황실 궁전을 연상시킨다. 남들에게 자랑할 만한 기념사진을 남기고자 한다면 붉은 카펫뿐인 계단참에 죽치고 있을 게 아니라 한시라도 바삐 돌아다니는 편이 좋다. 그러니 아마도 호텔의 눈 밝은 관찰자들에겐 일시에 분류될 것이다. 잊을 만하면 찾아오는 에드워드 양의 결사대들. 옛날에 여기서 영화를 찍었다나 봐. 누군가는 그렇게 소문처럼 말하고서 잊어버릴 사실에 매달리는 움직임들.

이어서 우리가 가장 많은 시간을 보낸 곳은 양양 가족의 아파트와 그곳 바로 앞에 위치한 도로였다. 중정을 가운데 두고 거대한 원형 기둥이 건물 전체를 떠받치는 필로티 구조에, 상층부 중앙 복도에 뚫린 원형 모양의 창으로 자연광이 스미는 세련된 디자인의 현대식 아파트였다. 혹자는 이 아파트가 1990년대 대만의 경제 성장과 중산층 확대를 의미한다고 한다. 모든 인물의 방이 내게는 사진적인 기억으로 남아 있는데, 특히 잊을 수 없는 자리는 할머니의 병상 곁이다. 저마다 이해받지 못해 외로운 가족들은 홀로 이 방문을 열고 들어온다. 반쯤 혼수상태인 할머니의 머리맡에 앉아 두런두런 슬픔을 고백한 그들은 부질없는 안식을 얻은 뒤 다시 스르르 빠져나간다. 영화는 할머니의 육신을 소생시켜 방황하던 양양의 누나 팅팅을 다독이기도 한다. 한때 어렸던 모든 이의 분신이자 이제는 감독 자신이 돌보아야 할 세대의 인물에게 피할 수 없는 고독과 상실을 가르치는 영화의 온유한 손길은, 낙후한 시사실에 한쪽 구석이 마치 타버린 듯 검게 변한 스크린 위에서 〈하나 그리고 둘〉을 처음 본 스물한 살의 나도 보듬어주었다. 관객을 울리려는 영화가 아닌데도 나는 〈하나 그리고 둘〉을 보면서 서럽게 운 날들이 많았다. 영화기자가 되었을 때 간결하면서도 내 일의 리듬과 태도를 간간히 일러주는 뜻으로 업무 계정의 이름을 짓고 싶었고, 〈하나 그리고 둘〉의 영문 제목이자 양양의 이름이기도 한 'yiyi'를 떠올렸다. 하나하나, 차례차례. 그 이름을 갖고 일하는 동안 신기하게도 옴니버스영화 〈광음적고사〉를 시작으로 〈타이페이 스토리〉〈해탄적일천〉〈공포분자〉〈고령가 소년 살인사건〉〈독립시대〉〈하나 그리고 둘〉 등이 차례로 정식 개봉했다. 한국 수입사가 에드워드 양 감독 사후에 저작권을 관리하는 부인(이자 동료, 〈하나 그리고 둘〉의 프로덕션디자인을 맡았다) 카일리 펑과 닿으려는 각고의 노력 끝에 손해를 감수하고 연이은 개봉을 추진한 것이었고, 나는 일련의 영화가 한국 극장에 닿기까지의 과정을 취재할 수 있었다. 이번 여행을 함께한 J와 가까워진 계기 역시 에드워드 양에 관한 이야기를 나누면서였다.

 영화와 내 삶의 기억 사이에서 몇 개의 방문을 여닫는 동안 J는 내 옆에 남아 가만한 자세로 필름카메라의 셔터를 누르고 있었다. 11월의 대만 도로 위는 후텁지근했다. 곧 아파트 경비원이 다가와 용건을 물었다. 입구에서 하릴없이 어슬렁거리는 불청객들을 향한 점잖은 경고였다. 쭈뼛거리며 발걸음을 돌렸다. 아파트 바로 앞 고가도로 아래에서도 영화 속 익숙한 장면이 펼쳐졌다. 팅팅이 첫사랑 리리와 교류하는 모습이 눈앞에서 그대로 재현되는 공간이었다. 에드워드 양 감독과 동료들이 장소의 리얼리티를 고집한 덕분에 우리는 집 주위를 드나드는 인물들의 동선을 그대로 따랐다. 세월은 팅팅이 서 있던 횡단보도 앞 화단에 흰색 라커로 새겨져 있던 숫자 '58'까지도 그대로 보존한 채 우리를 맞이했다. 아직은 욕망이 어색해 빗속에서 연인과 한참을 망설이고, 발밑에 펼쳐진 횡단보도가 생의 교차로처럼 무섭게 여겨지는 십대 후반의 소년, 소녀도 거기 그대로였다. 평범한 도로 사진에 집착하는 두 관광객을 범상히 여기는 동네 주민들이 자전거를 타고 세탁소나 편의점을 들락거렸다. 몇 번의 신호등이 점멸한 끝에 어느덧 퇴근 시간이었다.

지하철을 타고 숙소로 돌아가는 길에 사진첩을 열었다. 호텔 계단, 고가도로 아래, 횡단보도 앞, 육교가 전부다. 그곳에 있는 나와 J의 얼굴은 제법 행복해 보인다. 평소에는 보이지 않다가 특정 조건을 가하면 암호가 나타나는 스파이의 사진 같다고 생각했다. 제대로 된 고전 스파이 스릴러라면 열, 물, 그 밖의 여러 화학물질이 촉매가 될 것이다. 그러나 나와 J가 나누는 허술하기 짝이 없는 비밀 통신에서 특정 조건이란 어디까지나 영화 한 편이다. 영화의 표식을 따르는 이 첩보엔 우리 말고도 동원된 인원이 많다. 대부분 별것 아닌 공간을 서성이면서 영화의 한 장면을 겹쳐보는 관객-여행자들로, 잠복 끝에 자기 안의 암호가 해독되기를 기다린다. 대만에서 나는 많이 보고 부지런히 생산하라는 주문 뒤에 희석되었던 최초의 감동을 되새겼다. 좋아하는 캐릭터의 이름을 이메일 주소에 넣을 때 괜히 은밀해지는 마음이나 그런 마음을 알아주는 상대와 만났을 때의 설렘 같은 것을 냉소하지 말자고 다짐했다. 사진사 J가 찍은 내 뒷통수들이 하나같이 그렇게 말하고 있었다. 〈하나 그리고 둘〉에는 우리가 보는 것과 보지 못하는 것을 질문하면서 필름카메라를 들고 줄기차게 사람들의 뒷모습을 찍고 다니는 소년 양양이 있었고, 내게도 어느새 그런 기막힌 직업과 인생의 동료가 생겼다. 자각은 하나의 장소에서 삶과 영화가 이중인화될 때 찾아왔다.

여권이 필요 없는 국가
—칸영화제 취재기 2

0

관광지의 한가운데에서 지도를 보지 않고 걷는 사람은 그곳 주민이거나 배회를 즐기는 산책자일 것이다. 영화제에서는 예외적으로 자기만의 최단 거리 동선을 발명한 뒤 그저 갈 길 가기 바쁜 외지인들이 넘쳐난다. 나는 해변이 아니라 이 극장에서 저 극장으로의 여행을 위해 섬 전체를 겨우 영화관의 지도로 좁혀버리는 사람들 틈에 껴 있다. 덕분에 고작 두 번째임에도 이동의 심리적 부담이라는 측면에서 출장 여정이 수월해졌다. 저 모퉁이를 돌면 어떤 거리가 나타나 나를 극장으로 데려가줄지 대략 알겠다고 느낀 것은 칸에 도착하고 이틀 차에 찾아온 생경한 기쁨이었다. 노곤한 희열을 안은 채 가야할 곳을 향해 늘 정해진 사람들을 따라 움직였다. 그들과 시간의 물살을 가르다 보니 어느덧 폐막이었다.

1

장면 하나. 지난한 여행을 갓 마친 여자가 꾀죄죄한 몽골로 공항 분실물 센터에 도착한다. 초조하게 자기 차례를 기다린다. 기대라고는 없는 염세적인 표정. 순서가 되자 여자가 자신의 이름을 말한다. 찾는 것은 여권이다. 불친절해 보이는 젊은 데스크 직원이 자판을 몇 번 두드리더니 갑자기 고개를 든다. "혹시 초록색? 사우스 코리아?"

앞선 여행자들에게 내내 고개를 젓기만 했던 남자 직원의 얼굴에 약간의 화색이 돈다. 낮 12시. 오늘 중 처음으로 자기효능감을 느끼는 순간인 걸까. 창고로 들어간 남자는 곧 알아보기 쉽게 큰 글자를 휘갈겨 써둔 종이 스티커를 여권에서 떼어내면서 걸어 나온다.

도대체 이 남자를 왜 불친절해 보인다고 생각했던가. 여자의 볼을 타고 뜨거운 눈물이 흐른다. 분실물을 되찾은 기쁨치고는 다소 과하게 감정적이다. 울먹이면서 고맙다고 간신히 답한다. "고마워요, 정말 고맙습니다. 저는 운이 참 좋군요……." 여자는 그 뒤로 몇 번이나 같은 말을 되뇐다. 자기 인생에다 대고 말하는 것 같기도 하다. 자신이 기대지 못하는 세상의 선의, 타인의 친절, 진실로 존재하는 행운을 향해서 말이다.

2

 떠나는 날 아침에 혜리 선배가 부엌 인덕션에 불을 켜고 제대로 된 요리를 하는 모습을 처음 봤다. 그는 대체로 아침으로 사과 한 알과 요거트면 족한 사람이다. 영화제의 하루치 일정이 위용을 부려 체력 대비가 필요한 날이면 미리 사둔 간편식으로 끼니를 때운다. 그 정도면 용하다. 그런 사람이 프라이팬에 달걀을 풀고 베이컨까지 둘둘 얹어 오므라이스를 만들고 있다. 분명 자신이 먹을 음식은 아니다.

 출장 여정의 마지막 날. 돌아오는 월요일에 출근을 앞둔 두 기자(나와《씨네21》의 조현나 기자)가 먼저 떠나고 혜리 선배는 칸에 하루 더 머무르기로 했다. 그리고 숙소를 나서기로 한 시각 직전에야 내 여권이 없다는 사실을 알아차렸다.

 나는 아무에게도 말하지 않고 방을 수색했다. 짐 가방을 해체하고 모든 옷과 가방을 뒤집어 보았으며 가구 아래까지 고개를 들이밀어 샅샅이 살피고 나서야 침대에 걸터앉았다. 이런 위기감은 살면서 흔하지 않은 것이었다. 닥쳐올 경제적 손실과 엎어질 일정들을 세어보다가 결국 도움을 청하기로 했다.

 선배는 침착하게 주프랑스 한국 대사관의 정보를 검

색했다. 파리 샤를 드골 공항과 니스 코트다쥐르 공항의 분실물 센터 전화번호, 모바일로 분실물 조회가 가능한 링크까지 보내주었다. 어느새 내 방 문간에 선 그가 말했다. "오늘은 아무래도 배 채울 시간이 없을 것 같으니 우선 이거라도 먹고 가. 당까지 떨어지면 더 큰일 난다."

맞은편 방에서는 현나가 에어 프랑스에 전화하는 소리가 들렸다. "혹시 여권 없이 국내선을 탈 수 있나요?" 다급히 전화를 이어받아 호소해보지만 중년 여성 직원은 얄미울 정도로 느긋했다. "이참에 파리까지 기차여행을 해보세요!" 한편 주프랑스 한국 대사관 직원은 초연한 위로를 보냈다. "일단 파리까지만 오시면 돼요. 불가능한 건 없어요."

그래, 경찰서에 여권 분실신고를 한 뒤 파리행 기차를 타면 된다. 니스-파리행 국내선 티켓은 어쩔 수 없이 포기한다. 기차 안에서 예정된 파리-인천행 국제선 티켓을 딱 하루만 미뤄달라고 읍소하자. 합리적인 수수료를 협상하는 것이 관건이겠다. 그런데 하필이면 일요일. 대사관이 문을 열 때까지 밤을 보낼 숙소도 구해야 한다. 동료와 회사에 끼친 폐, 내 몫의 지출, 날려버린 시간 등등을 곱씹으며 뜬눈으로 밤을 지새우면 누구보다 먼저 대사관의 문을 열고 들어갈 수 있을 것이다. 그렇게 생애 첫 긴급 여권을 얻은 뒤 다시 파리 샤를 드골 공항으로 이동한다. 무사히 집으로 가는 비행기를 탄다. 그래, 돈을 많이, 아주 많이 쓰면 해결되지 않을 일은 어떤 것도 없다.

그 전에 시도해볼 수 있는 일은 딱 하나였다. 칸에 도착한 첫날 니스행 비행기 좌석 포켓에 여권을 두고 내렸을 가능성에 약간의 희망을 걸어보는 것이다. 일단 예정대로 짐을 챙겨 니스 공항에 가볼 것을 내 동료들은 강력히 지지했다. 반신반의하는 기색조차 없었다. 그들은 미래를 아는 사람들처럼 반드시 공항에 여권이 있을 거라고 응원했다(훗날 현나는 이를 서동요 기법이라 칭했다).

에어비앤비 숙소 현관문을 열고 나올 때 두 사람에게 했던 말이 기억난다. "혼자였다면 결코 니스 공항 분실물 센터엔 가지 않았겠죠." 다행히 나는 동료들에게 반쯤 떠밀리듯이 희망의 가능성을 검토했고 실로 행운이 존재한다는 것을 확인하고야 말았다.

3

항로와 육로를 고루 이용해 20시간 가까이 들어가야 하는 섬. 칸은 그런 곳이다. 2주가 넘도록 자기 여권이 없어졌다는 사실도 모르게 하는 곳. 이 섬은 너무 많은 것을 쉴 새 없이 채워줘서, 내 가방에 있다가 사라진 것을 알아차릴 기회를 도무지 주지 않는다.

도착 첫날 프레스 배지를 수령하기 위해 배지 데스크를 찾았을 때 담당자가 여권을 보여달라고 했다. 숙소에 여권을 두고 온 것으로 착각한 내가 사정을 말하자 그는 너무도 순순히 내 명함만 확인하고 배지를 내주었다. "다시 온 걸 환영해요." 평소라면 숙소로 돌아가 여권을 찾아보고 분실을 감지했겠지만 칸은 그런 곳이 아니었다. "메흐시!" 나는 신나게 외치고 배지 담당자의 친절을 곱씹을 새도 없이 시간표에 휩쓸려갔다. 심사위원 기자회견으로, 개막식으로, 개막작으로, 아침부터 밤까지 이어지는 상영으로, 지쳐 쓰러져 잠드는 매일의 달콤한 숙면으로.

니스 공항 분실물 센터의 직원은 말했다.

"소미, 운이 좋네요. 원래 일주일 지나면 폐기하는데 여권이라 그냥 놔둔 것 같아요. 그런데 열흘 넘게 여권도 없이 어디 있었던 거예요?"

4

칸을 떠나기 전날에도 잊지 못할 해프닝이 있었다. 폐

막식 날 처음으로 늦잠을 잤다. 정신을 차리고 화장실로 향했을 때 전등 스위치가 먹통이란 사실을 알아차렸다. 곧 집 안의 모든 불이 켜지지 않는다는 사실도. 결정적으로 냉장고도 먹통이었다. 찬란한 햇볕이 부지런히 집 안으로 침투하는 지중해 섬에서의 정전은 표면상 평화를 배가하는 것처럼 느껴졌다. 이참에 더 늘어져볼까. 하지만 이윽고 인터넷과 모든 통신망이 두절됐다. 가자 전쟁과 트럼프의 권위주의를 강하게 비판한 2025년 칸의 정치적 표명이 이 영화의 요새를 테러의 대상으로 표적 삼게 했나? 아주 잠시, 극심한 비약과 함께 공포가 찾아왔다.

 라 시네프 부문(학생영화 섹션)에서 1등상을 받은 〈첫 여름〉의 허가영 감독이 영화제 인터뷰 마지막 차례였다. 담당인 현나를 혼자 내보내기 불안해 함께 채비를 하고 영화제 중심가로 나가보기로 했다. 대규모 정전 사태가 익숙한 듯 거리마다 사람들이 빵집에 줄을 서서 비상식량을 확보하는 중이었다.

 팔레 드 페스티벌 앞에 도착해서 우리는 낮지만 분명한 감탄사를 뱉었다. 말 그대로 '축제의 궁전'인 그곳은 완벽한 환상을 유지하고 있었다. 여전히 전광판이 돌아가고 조명이 반짝이는 게 정전 이전의 모습 그대로였다.

경호원들은 평소처럼 입장객들의 몸을 수색했다. 2층 프레스룸에 들어가니 폐막일치고는 북새통을 이루는 걸로 보아 모두들 이곳으로 피신한 듯했다. 와이파이도 정상적으로 작동했다. 곧 티에리 프레모 집행위원장의 이름으로 단체 메일이 도착했다. "안심하세요. 팔레 드 페스티벌은 자체 발전기를 사용하는 독립적인 대규모 전력 시스템을 갖추고 있습니다." 이 거대한 컨벤션 센터의 상징성이 우연찮게 분명해지는 순간이다. 우리가 곧잘 써먹는 비유, 영화라는 '초국적'의 영토. 팔레 드 페스티벌은 남프랑스 전체가 대규모 정전에 시달리는 동안에도 오롯이 영화를 상영하고 그 일원들을 수용함으로써 성소의 공고함을 확인시켰다. 칸 시 행정의 순기능을 칭송하는 대신 나는 좀 더 이상적인 의미들을 그대로 놓아두고 싶었다. 허가영 감독을 만나러 간 현나는 잠시 후 인터뷰를 무사히 마치고 돌아왔다. 서로의 행방을 조금도 확인할 수 없는 상태에서도 예정된 약속을 지키기 위해 해변에 모인 기자와 감독이 있었고, 둘은 불안 속에서 헤매다가도 단박에 서로를 알아보았다.

그날 나와 현나가 잦은 걱정과 불안에 지쳐갈 때, 아침 8시 30분 '리런(영화제 마지막 날 경쟁부문을 중심으로 한 주요 작품을 하루 종일 재상영한다. 영화를 놓친 기자들을 위한 것이다)' 상영을 보기 위해 일찌감치 집을 나섰던 혜리 선배는 하루 종일 그저 영화를 보았다. 2025년 칸의 마지막 날은 분할 화면으로 기억된다. 대규모 정전 사태를 파악조차 못 하는 상영관 안 기자들. 여전히 카오스인 바깥을 내다보면서 폐막식을 준비하고 마지막 기사를 마감하는 '축제의 궁전'의 기자들. 엇갈리거나 헛수고일 줄 알면서도 정전 속의 해변으로 나선 인터뷰어와 인터뷰이.

5

"주머니 속에 영혼을 넣고 걸어요." 2025년 칸영화제 사이드 섹션인 ACID 부문 개막작으로 소개된 다큐멘터리의 제목(〈풋 유어 소울 인 유어 핸드 앤 워크 Put Your Soul in Your Hand and Walk〉)이다. 이례적이게도 많은 매체가 이 영화에 대해서만큼은 별점을 매기지 않겠다고 선언했다. 이란 감독 세피데 파르시와 팔레스타인 가자 출신의 사진기자 파티마 하수나가 1년간 주고받은 영상통화 기록을 담은 영화다. 모바일, 노트북을 가리지 않고 시시때때로 기록된 줌 녹화 화면을 엮은 이 영화가 ACID 부문 개막작으로 공식 발표된 다음 날, 이스라엘군의 가자 지구 공습으로 하수나는 임신한 여동생을 포함한 일가족

열 명과 함께 사망했다. 이 영화엔 감독이 하수나에게 기쁨에 겨운 얼굴로 칸영화제 초청 소식을 전하는 4월 15일의 마지막 통화가 그대로 담겨 있다. 파르시 감독이 이 통화 장면 직후에 하수나의 이름이 적힌 사망자 명단을 이어 붙일 때 가슴이 미어진다.

하수나의 죽음을 애도하는 영화계 인사 350명이 칸영화제 개막식 전날 프랑스 일간지 《리베라시옹》에 공개서한을 발표한 것을 두고, 《알자지라》 기자는 심사위원 기자회견에서 심사위원장 쥘리에트 비노슈에게 왜 당신은 이름을 올리지 않았느냐고 따져 물었다. 비노슈는 "내 나름의 이유가 있지만 당신에게 설명하긴 싫어요"라고 대답했다. 같은 날 비노슈는 성폭행 혐의로 기소되었던 평생의 동료 제라르 드파르디유를 향한 프랑스 법원의 유죄 판결을 마주하고는 이렇게 말했다. "현실의 어떤 사람들은 여전히 부정하고 있다. 그러나 영화제는 이제 다른 인식을 가지고 있다. 그는 더 이상 신성이 아니다." 드파르디유가 칸의 단골손님이었음을 의식한 표명이었다. 로버트 드니로는 명예황금종려상 수상 소감에 할애된 시간을 도널드 트럼프를 강경 비판하는 데 썼다. 이곳에서 중요한 것은 당신의 국적이 아니라 신념이다. 정치적 올바름, 옳고 그름을 넘어서는 성찰과 가치관의 자유가(비록 백인 중심이지만) 참가자들을 정체성의 사분면 위 이곳저곳에 위치시킨다. 간혹 조증 상태로 "나는 히틀러를 이해한다!"라고 외친 뒤 가차 없이 쫓겨나는 라스 폰 트리에 같은 돌연변이가 나오기도 한다.

"열흘 넘게 여권도 없이 어디 있었던 거예요?"
눈물을 훔치면서 나는 이렇게 답했어야 했다.
"저는 여권이 필요 없는 국가, 영화 나라에서 왔습니다. 영화제는 우리에게 신분 증명을 요하지 않았습니다. 각자의 노동을 보장하는 배지나 티켓만 있다면요. 우리가 어디에서 왔는지, 어떤 피부색을 하고 있는지, 어떤 신을 믿는지, 돈이 얼마나 많고 적은지는 덜 중요했어요. 그렇다고 현실이 표백된 세계라는 뜻은 아닙니다. 곳곳에서 죽음과 폭력에 맞서는 사람들을 보았거든요. 아, 동료들에게 '탄핵impeachment'을 영어로 설명하는 일은 여전히 어렵더군요. 제가 그렇게 예술적, 정치적으로 투철한 사람이냐고요? 그것도 아니긴 하지요. 명품 협찬사 이름이 크게 박힌 리유저블 컵에 담긴 공짜 커피나 해변에서 파는 아이스크림의 맛에 그저 실려가는 순간도 꽤 많았거든요······."

잠적을 위한 장소

"그러니까 우리는 시대에 뒤처지는 사람들 아닙니까?" 그는 부드러운 미소로 반문했다. 서울 도심 한가운데서 25년간 관객을 맞이한 예술영화관의 시간을 기념하기 위해 내한한 일본 감독 고레에다 히로카즈의 말이었다. 우리는 무대 위였고, 극장 안은 신작을 홍보하기 위해서가 아니라 오직 이 영화관의 개관 25주년을 축하하기 위해 타국을 찾은 감독에게 화답하려는 관객들로 가득했다. 이날 나의 역할은 고레에다 히로카즈 감독과 그의 친애하는 동료 이동휘 배우에게(두 사람은 〈브로커〉로 만났다) '우리가 영화관을 사랑하는 이유'에 대해 질문하는 일이었다. 예술가 앞에서 그의 작품에 파고들기를 잠시 미뤄두고 어떤 궁극을 질문한다는 것은 흥분되면서도 난처한 일이다. 자신의 창조적 관할구역 바깥에 대해서는 쉽사리 확언하지 않는 이들이 대개 예술가이기 때문이다.

  그럼에도 나는 구태여 물은 셈이었다. 극장의 운명은 곧 영화의 운명이기도 하다는 점에서, 고레에다 히로카즈가 씨네큐브의 25년보다 더 오래 영화를 지켜온 이라는 이유에서. 미야모토 테루의 소설을 스크린으로 옮긴 첫 장편 극영화 〈환상의 빛〉 이전에 발표한 다큐멘터리 〈그러나 복지를 버리는 시대로〉부터 세면 2025년은 그의 데뷔 35주년이기도 했다. 어렵지 않게 돌아보건대 지난 30여 년은 영화 매체가 매우 급격한 속도로 존재론적 물음을 직면한 시기다. 위기론에 민감한 저널리즘의 풍토가 이에 동조해 영화를 이미 낡아버린 매체처럼 자조하는 목소리도 곧잘 들려오는 요즘이지만, 19세기 말미에 활동사진으로부터 출발한 영화는 예술의 한 분과로서는 겨우 한 세기를 조금 넘긴 신생 매체다. 그 가운데 필름에서 디지털로의 전환이 있었고, 팬데믹 이후 산업자본의 큰 줄기가 명백히 스트리밍서비스의 시리즈물로 향하는 흐름이 발생했으며, 창작 환경 내 AI 기술의 역할은 그 논의의 깊이보다 확산과 침투의 속도가 빨라 진보와 후퇴를 동시에 낳고 있다.

  고레에다 히로카즈는 〈어느 가족〉으로 칸영화제 황금종려상을 수상한 이후에도 한국 프로덕션과 협업하거나(《브로커》), 필모그래피의 역점을 갱신하고(《괴물》), 최근작으로 시리즈물(《아수라처럼》)을 넷플릭스에서 발표했으니 당사자의 의식이 어떠하든 시대의 조류와 당면해 호흡하는 아시아 최전선의 감독임이 분명하다. 그래서 어쩌면 영화관을 사랑하는 '이유'에 관해 나도 모르게 설득력 있는 답을 기대했는지도 모르겠다. 영화를 위한 유일한 장소로서의 극장을 얼마간 신성화하고 싶은 욕구가 일었다고 할까. 코로나19를 거치며 극장 없이도 적당히 살아갈 수 있음을 학습한 인류에게 그럼에도 영화관을 찾아주기를 요청하는 훌륭한 구호 같은 것, 나는 그런 것을 얻고 싶었다.

고레에다는 조금 머쓱한 얼굴로 머리를 긁적였다. "아무래도 시대에 뒤처지는 일이니까요……." 그의 인간적인 모습에 객석에는 반짝하는 미소가 떠올랐고 이어 긴장 섞인 적막이 감돌았다. 연사와 청중 사이에 '낀' 위치에 오래 있어보면 안다. 양쪽을 휘감는 일순의 침묵은 지금 긴요한 이야기가 흘러나오고 있다는 증거임을. 감독은 말했다. 이렇게 바쁘고 빠른 시대에 꼭 그래야만 할 필요는 없는데도 영화관을 찾는 사람들이 있다고. 고레에다는 그 사람들을 묶어 "우리"라고 했다.

클릭 한 번이면 스트리밍용 영화뿐 아니라 고전 명작

을 접하는 것도 어렵지 않은 시대에 기꺼이 시간과 체력을 들여 극장에서 영화를 보려고 집을 나서는 사람들이 있다. 그렇게 수고를 들여 도착한 공간은 특정한 약속도 요구한다. 두 시간 남짓 어둠 속에서 꼼짝 않고 있을 것. 휴대폰을 들여다보지 말 것. 부드럽게 속삭일 것. 가급적 중간에 떠나지 말고 스크린에 주의를 기울일 것. 검은 화면에 사람들의 이름이 박힌 긴 목록도 존중을 담아 끝까지 봐줄 것. 무척 비효율적인 행위임에 틀림없다. 고레에다 히로카즈 감독은 극장에서 영화를 본다는 것 그 자체를 신성시하기보다, 어떤 의무도 없이 그러기로 하는 사람들, 오늘날의 문화적 경향 속에서는 일견 고행에 가까워 보이는 일을 즐기는 사람들의 집단적 움직임에 의해 비로소 특기할 만한 아름다움이 발생한다고 말하려는 듯했다.

현대적 의미에서 극장은 자발적 멈춤의 세계가 될 수 있다. 이곳에 도착하기를 희망하는 관객은 우리를 가차 없이 조급하게 만드는 세계 앞에서 안식을 찾고 나아가 정체됨을 감내하려는 이들이다. 영화관은 이제 오락과 예술의 공간을 넘어 컨베이어벨트에서 내려오는 적극적 탈락을 위한 장소다. 이 점이야말로 극장의 위기가 대두된 시기에 재조명되어야 할 극장의 효용이다. 시시각각

혁신을 요구하는 시대의 대안으로서 보존을 허락하는 곳. AI 영화가 대거 쏟아질 미래에 필름이 곧 뉴미디어일 수 있다는 희망도 이와 크게 다르지 않다.

다만 극장행에 찬란한 잠적의 의미를 입히기에 앞서 마음에 걸리는 한 가지가 있다. 영화관이 우리에게 허락된 퇴각 진영이 되려면 우선 그곳을 떠올렸을 때 안온하고 느긋한 기분이 들어야 한다. 그러나 다수의 관객이 여전히 선호하는 멀티플렉스를 중심으로 팬데믹 이후의 극장 경험은 모종의 외로움을 담보하게 됐다. 인력을 대규모 감축해 늦은 밤이면 상업 시설만이 전구를 밝힌 극장의 황량한 복도를 통과할 때에 나는 가급적 빨리 이곳을 빠져나가야 할 것만 같은 느낌마저 받는다. 관계자들이 고민하는 티켓값 대비 가성비나 가심비의 문제가 아니다. 이건 피부로 체감되는 슬픔에 가깝다. 대중에 열린 번잡한 공공장소로서의 영화관이 언젠가는 오래된 소문이 될 수도 있겠다는 기우이기도 하다.

장기적인 수익 손실의 개선책으로 극장 산업은 공연 실황을 적극 상영하고 아이맥스, 스크린X, 리클라이너관처럼 프리미엄 상영 환경 조성에 몰두하지만 어둠의 망망대해로 잠수하고자 하는 영혼들을 위한 대안에는 무감하다. 등대가 되어줄 영화를 찾는 이들은 외려 작은 방으로 향하고 있다. 전국의 예술영화관뿐 아니라 영화학교의 낡은 시사실, 작업실, 창작자와 비평가가 공존하는 모서리에서 운영되는 각종 기획전과 상영 프로그램 들을 찾아간다. 오래전부터 자생해왔으나 SNS 마케팅을 타고 부상한 이 움직임을 향해《씨네21》은 마이크로시네마라는 이름을 붙여보기도 했다. 고레에다 히로카즈 감독이 짚은 수고로움의 의미에 더해, 자주적인 상영회 대다수가 영상 콘텐츠의 범람에 대응하는 안티테제로서 한층 엄격한 큐레이션과 연구의 장을 마련한다는 점도 중요하다. 영화관으로의 잠수 행위가 커뮤니티를 형성하고 일정 시간이나마 연대를 도모한다는 역설은 아름답다. 이 연대 속에서 관객은 잊힌 것들을 되새기고 더 많이 질문하면서 배운다. 작지만 단단한 극장과 상영 공동체들이 힘을 키울수록 영화 보기는 돌봄과 환대의 기능까지 자연스럽게 수행할 것이다.

영화관에 얽힌 원초적 경험을 물었을 때 고레에다 히로카즈 감독은 내성적이던 십대 시절 이탈리아 감독 페데리코 펠리니의 영화 〈길〉을 처음 본 기억을 들려주었다. 그에게 극장의 원체험이란 비밀스러운 냄새로 회구된다. 그곳은 어엿한 영화관이라기보다는 시네클럽에 가까웠는데, 영화를 보려면 모두가 신발을 벗고 장판이 깔린 방 안으로 들어가야 했다. 간이 의자가 마련되어 있긴 했지만 바닥에 앉거나 심지어 누워서 보는 사람들도 더러 있었다. 누군가는 거기서 밀린 잠을 자거나 몰래 울었을 테다. 스크린에서는 순진한 영혼의 소유자 젤소미나와 가난한 곡예사 잠파노가 악기를 연주하면서 거리를 떠돈다. 미래의 영화감독은 그곳에서 처음 카메라 뒤편에 자리한 감독의 존재를 자각했다. 펠리니의 부추김은 거부할 수 없는 체취와 함께 찾아온 것이다. "여름에는 항상 묘한 발냄새를 맡을 수 있는 곳이었죠. 지금은 흔적도 없이 사라졌지만요." 고레에다 히로카즈의 회상은, 망자를 위한 영화 만들기라는 초현실의 세계로 불쑥 나아갔던 〈원더풀 라이프〉나 지속적으로 빈곤한 자들의 인간됨을 주목해온 이력(〈아무도 모른다〉〈어느 가족〉)의 영화적 출처에 뜻밖의 이름을 더했다.

전원의 집시들이 흙먼지를 풀풀 날리며 생의 '길'을 걸어가는 펠리니의 영화를 보는 동안 은은한 발냄새와 함께하는 것이 그다지 나쁜 경험은 아니겠다고 나는 뒤늦게 고개를 끄덕인다. 우리가 지금 사랑하는 극장들은 더 이상 퀴퀴한 냄새가 나지 않지만, 타인의 체취가 감도는 좁고 어두운 방 안에 신발을 벗고 들어가는 일이

주는 잠적의 희열만큼은 변함없이 결속의 언어를 속삭인다.

키메라 효과
—칸영화제 취재기 3

　영화제의 열기가 지중해의 바람 속에서 조금 식어갈 무렵 경쟁부문 마지막 주자로 〈키메라〉의 상영이 끝났고 나는 어느 건물 옥상의 야외 정원에서 알리체 로르바케르 감독을 기다리고 있었다. 곧이어 등장한 로르바케르가 커다란 파라솔 아래서도 정오의 빛을 한껏 머금어 눈부신 탁자 앞에 앉았을 때, 내 시선을 빼앗은 것은 의외의 생명체였다. 통통한 꿀벌 한 마리가 거기 있었다. 감독의 셔츠 목깃 위에 아슬아슬하게 안착한 상태로. 벌은 (기억이 맞는다면 아마도) 차분히 기어가 로르바케르 감독의 어깨 너머로 조용히 자취를 감추었다.

　방금 저기에 정말로 꿀벌이 있었던가? 나는 감독에게 첫 번째 명성을 건넨 작품 〈더 원더스〉를 떠올렸다. 소심한 장녀 젤소미나가 모처럼 사람들 앞에 나서서 입 밖으로 살아 있는 벌을 뿜어내는 마술을 선보이는 장면이 스쳐 지나간 것이다. 칸에 온 지 열흘이 훌쩍 넘어갈 동안 동네를 산책하는 개들만큼 커다란 갈매기는 보았어도 꿀벌은 처음이었다. 게다가 하필 그 작고 친절한 생명체가 〈더 원더스〉 〈행복한 라짜로〉 〈키메라〉에서 종종 초월적 경험을 선사한 감독과 한 몸인 체하고 있다니. 나는 수줍은 양봉업자의 딸로 태어나 지금까지도 고향을 지키며 살아가는 이 희귀한 감독이 토스카나의 벌과 타국까지 동행한 것이라고 환상을 펼쳤다.

마침 우리의 대화도 〈키메라〉를 잠시 지나쳐 벌과 꿀로 향하고 있었다. 나는 〈더 원더스〉에서 젤소미나가 꿀을 수확하는 추출기의 수도꼭지 아래 늘 받쳐두던 양동이를 깜빡한 나머지 농장 바닥 전체가 끈적한 꿀로 뒤덮이고 마는 장면에 관해 질문했다. 발밑에 깔린 흥건한 꿀의 점성이 너무도 생생한 물리적 현실로 구현된 동시에 사뭇 초현실적인 기운이 감도는 순간이다. 좀처럼 꾸밈이 느껴지지 않기에 탁월한 자연주의자의 성취는 사춘기의 감정적 리얼리즘이 현실을 초과하는 순간까지 나아간다.

〈키메라〉의 오프닝 시퀀스 역시 연장선상에 있다. 죽은 연인과 꿈속의 재회를 마친 도굴꾼 아르투는 정오의 태양이 내리쬐는 기차 칸에서 문득 깨어난다. 지하세계에서 결혼식을 마친 신랑처럼 그가 입은 크림색 리넨 정장은 온통 시커멓게 물든 채다. 그의 옆자리에는 사랑하는 연인 대신 고대 에트루리아 조각상같이 강건한 인상을 지닌 여성 승객이 앉아 있다. 맞은편에는 1960년대 이탈리아 영화에서 튀어나온 것 같은 장난기 많은 전원의 아가씨들이, 객실 칸 입구에는 모든 것을 알고 있다는 듯 지긋이 미소 짓는 역무원과 광대처럼 짓궂은 행상인이 차례로 지나간다. 아르투를 일시에 덮쳤다 떠나버리는 이 낯선 인물들은 스토리 수준에서 전혀 이상할 것이 없는 '열차 안의 낯선 자들'일 뿐이다. 하지만 미묘하게 시대착오적인 연기 스타일, 한꺼풀 막을 씌운 듯 희뿌연 화면, 꿈꾸듯 부유하는 카메라의 움직임이 자꾸만 지각의 틈새를 벌린다. 주인공을 둘러싼 인물들을 신화적 존재들로, 일상성을 가장한 비일상의 심오함으로 재감각해보라는 요청이다. 아르투는 정말로 꿈에서 깨어난 것이 맞을까? 플라톤식의 비유를 덧대자면, 로르바케르는 관객을 동굴 안에 불러들인 뒤 눈앞에 실재하는 벽화와 그 위에 어른거리는 모닥불의 그림자를 함께 보도록 한다. 이런 이중적 보기야말로 '키메라'적 보기라 할 만하다.

머리는 사자, 몸통은 염소, 꼬리는 뱀의 조합으로 이

루어진 고대 에트루리아의 키마이라 청동상이 출토되는 토양에서 자라난 로르바케르에게 '본다는 것'은 그 자체로 이미 표면 너머까지 보겠다는 선언이다. 알리체 로르바케르는 "사물들, 시선을 의식하지 않은 상태의 사람들, 동식물들을 얼마나 집중력 있게 쳐다보곤 하는지" 자부하길 주저 않는다. 창작자로서 얻는 영감의 출처에 대해 이렇게 답한 적도 있다. "저는 사물의 가장자리, 경계, 그 사이의 영역, 그리고 쓰레기와 버려진 모든 것에서 할 이야기를 찾습니다."

로르바케르 감독이 2020년 베니스국제영화제를 위해 만든 트레일러 〈사과에게 Ad Una Mela〉는 자신의 오랜 방법론에 관한 성찰적 표명이라는 점에서 흥미롭다. 2분 남짓한 이 영상에서 카메라는 어느 오래된 저택의 외벽을 비춘다. 벽 앞에는 사과 바구니 하나가 놓여 있다. 우리는 자연스럽게 실재하는 사과 바구니와 벽에 비친 사과 바구니의 그림자를 함께 보게 된다. 잠시 후, 벽면에 묘령의 손 그림자가 등장해 바구니의 사과 한 알을 집어 간다. 그림자 사과는 한 알이 사라졌지만 진짜 사과의 개수는 그대로다. 이것을 두고 어떤 일이 벌어졌다고 해야 할까, 아니면 아무 일도 일어나지 않았다고 해야 할까.

〈사과에게〉의 마지막 장면에 이르면 한 소녀가 비로소 실체를 드러내 사과를 집어 든다. 자, 이 소녀는 누구인가. 기막힌 그림자놀이에 성공한 평범한 인간이라고 해야 할까? 아니면 그림자로 변신할 수 있는 신성한 존재의 현현인 걸까? 어느 쪽을 믿든, 심상한 햇볕 속의 정원 풍경은 이전과는 전혀 다른 질서를 내보이게 된다.

이 모든 일은 아주 잠깐 동안에만 허락된다. 동시대인의 얼굴에서 선조들의 표정이 스쳐 지나가는 것만큼 덧없고 헷갈리기 일쑤인 효과다. 〈키메라〉의 포스터 작업을 앞둔 어느 날, 로르바케르 감독은 스스로 그렸지만 좀처럼 하나의 상像으로 모아지지 않는 복잡한 벽화 같은 영화를 두고 고민에 빠져 있었다고 한다. 정오의 거실에 앉아 묵상하던 그때 눈앞에서 어린 딸이 가지고 놀던 타로 카드의 패 하나가 조용히 뒤집혔다. 열두 번째 메이저 카드, 허공에 거꾸로 매달린 남자(〈키메라〉의 포스터 이미지 중 하나)였다. 그는 잠시 자신의 존재를 각인시키고는 다시 카드 속으로 섞여 들어갔다. 지상을 거꾸로 등지고 지하세계를 탐닉하는 도굴꾼의 이야기에 이보다 더 절묘한 이미지는 없겠다고, 로르바케르는 과감히 믿기로 했다. 그는 응시 끝에 찾아온 그림자의 계시를 따랐다고도 덧붙였다. 이 대책 없는 신비주의를 기사에 어떻게 옮기란 말인지! 사실과 정보가 중요한 세계에서 갓 도착한 나는 그의 말에 내내 어리둥절할 수도 있었겠지만 잠자코 순응하기로 했다. 바닷가 한가운데, 로르바케르를 따라온 꿀벌과 이미 비밀스러운 조우를 마친 덕분이었다. '벌집의 정령'은 감독의 어깨 너머로 자취를 감춘 이후 다시는 보이지 않았고, 내가 잠시 한눈파는 사이에 멀리 날아가버린 것인지 아니면 처음부터 존재하지 않았던 것인지 영영 알 수 없었다. 관객인 나는 불시에 찾아온 키메라 효과를 그저 순순히 받아들이기만 하면 됐다.